KB206897

냥이계의 MBTI

냥성검사

냥이계의 MBTI

냥성검사

앨리슨 데이비스 지음 | 알리샤 레비 그림 | 성세희 옮김

느낌있는책

Contents

개요

고양이의 심리는 복잡하다. 그들은 아름다우면서도 이해하기 어렵고, 엉뚱하고 사랑스러우며, 누구보다 제멋대로인 생명체이다. 보드라운 털옷을 걸친 호기심 덩어리인 고양이들은 우리를 골치 아프게 하다가도 기분이 내키면 그지없이 협조적인 자세를 취한다.

하지만 녀석들을 이해했다고 생각한 순간, 기상천외한 태도를 보이며 우리를 어리둥절하게 만들기도 한다. 물론 고양이들은 기원전 4400여 년 전부터 유구한 세월을 인간과 함께 살아왔고 앞으로도 그럴 것이다.

고양이가 인간에게 길들여지게 된 과정을 정확히 규명하기란 매우 어려운 일이다. 사실 고양이의 트레이드마크는 신비함이다. 그들은 무릎에 앉아 온기를 나눠주기도 하지만 화초 화분을 모두 쓰러트려 당황시키기도 한다. 때로는 상자 안을 검사하는가 하면 방심한 사이에 우리의 마음을 함빡 빼앗아 가기도 한다. 어떤 사람들은 고양이들이 인간의 멸망을 계획해 왔다고 말하기도 한다. 황당한 말이지만 이처럼 오랜 세월을 함께 해 온 고양이들이기 때문에 그들이 인간의 곁에 없었던 때를 기억하는 것이 더 어려울 것이다.

이집트인들은 고양이를 신이라 믿으며 신으로 대접했고, 이후에도 인류는 단 한 순간도 고양이와 함께 하지 않은 적이 없다. 이 점을 감안하면, 인간이 고양이들의 마음을 읽고 그 마음을 움직이는 것이 무엇인지 이해하는 일이 생각만큼 어려운 것이 아닐 수도 있다.

이 책은 우리가 키우고 있는 고양이의 진짜 성격을 이해할 수 있도록 도와줄 것이다. 고양이가 다양한 상황에서 어떻게 행동하는지 살펴보고 이 책에 대입해 보면 내 아이가 어떤 타입인지 알 수 있을 것이고 그렇게 내 아이의 성격을 파악하면 더욱 깊은 유대 관계를 형성할 수 있을 것이다.

집사에게 고양이를 이해하는 일은 평생이란 긴 시간이 필요한 일이다. 물론 암호 같은 고양이들의 언어를 100% 파악하지 못할 수도 있다. 하지만 시도해 보는 것만으로도 분명 큰 의미와 재미를 찾을 수 있는 일이다.

고양이는 품종에 따라 서로 다른 특징들을 갖기 때문에 고양이의 기질이나 성향을 어느 정도 짐작해 보는 것도 가능하다(122-125페이지 참고). 하지만 그 유형에 속아 넘어가서는 안 된다. 고양이는 본래 예측하기 어려운 동물이며 고양이 세계에서 일률적으로 들어맞는 원칙 같은 것은 없다. 바로 그런 점이 이 책이 탄생하게 된 이유이기도 하다.

인간과 마찬가지로 고양이 역시 자신만의 개성을 가진 생명체이므로 이 책에서 소개하는 카테고리에 들어맞는다고 해도 그것이 고정불변한 것은 아니다. 고양이는 내적, 외적 상황에 따라 언제든지 전혀 다른 모습을 보일 수 있다.

예를 들면 평상시에는 수더분한 아이라도 병원에서 진료를 받을 때는 야생호랑이 같은 사나운 모습을 보일 수도 있고 평소에는 당당하던 고양이라도 엄청난 소음을 유발하는 진공청소기 앞에서는 고양이 특유의 도도함을 잃어버리기도 한다.

이 책의 사용법

이 책은 총 아홉 개의 장으로 이루어져 있으며, 각각의 장은 (아홉 장 모두!) 고양이가 일상 속에서 마주하는 다양한 상황이 반영된 아홉 개의 질문들로 구성되어 있다. 당신은 이 테스트에서 당신의 아이를 가장 잘 표현하고 있는 답을 고른 후 선택한 보기의 알파벳을 모두 취합해 4가지 고양이 유형 중 맞는 것을 찾으면 된다.

문항들을 보는 동안, 당신은 고양이들이 얼마나 별나면서도 얼마나 사랑스러운지 다시 한 번 깨달을 수 있을 것이다. 또한 질문을 읽으며 당신의 아이와 공통점을 찾는 한편, 그동안 당신이 몰랐던 다른 측면들이 있다는 것도 알게 될 것이다. 따라서 완벽한 답을 찾지 못한다고 절망할 필요는 없다! 고양이는 지구상의 다른 모든 생명체들과 구별되는 독특한 존재이며, 인간 역시 예외는 아니다.

이 책은 과학적 연구 내용을 기반으로 했지만 학술서가 아니며, 당신이 고양이의 고유한 특성을 이해하도록 돕는 지침서이다. 한 가지 알아 둘 것은 당신보다 당신의 아이에 대해 더 잘 아는 사람은 없으며 어떤 성격을 가졌든, 고양이는 있는 그대로 완벽하다는 사실이다. 결과가 어떻게 나오든 테스트 과정 자체를 즐기기를 바란다.

The Feline Five (고양이의 다섯 가지 성격 유형)

고양이들에게는 '피라인 파이브Feline Five'(*사람의 성격을 분류할 때 사용하는 빅 파이브 Big Five를 고양이 성격 유형 파악용으로 바꾼 용어-옮긴이)로 명명되는 다섯 가지 주요 성격적 특성들이 있다(다음 페이지 참고). 당신은 고양이의 일상생활과 관련된 보기들 중 당신의 고양이를 가장 잘 드러내는 문항을 찾으면 된다. 단, 문항들을 풀어나가며 도출된 특성들을 따로 적어 두길 권한다. 그렇게 모아둔 문항들의 점수를 118p 기록한 뒤 높은 점수가 나온 순으로 당신의 아이에게서 가장 도드라지는 성격적 특징들을 특정하면 된다.

피라인 파이브,

2
외향적
활발하고 쉽게 마음을 열며,
호기심 많고 창의적이면서도
잘 노는 특성

3
지배적
독단적이며 동시에
공격적인 특성

1
예민함
불안감과 두려움,
수줍음을 많이 타는
소심한 특성

4
즉흥적
가만히 있지 못 하고
무모하기까지 한
탐험가적 특성

5
우호적
쉽게 애정을 표현하며
온화하면서도
다정한 특성

사회성

당신의 아이는 어느 정도의
자신감을 가졌을까?

고양이는 영역 동물이므로 본래 아주 친화적이거나 사교적인 성격은 아니다. 하지만 다묘 가정에서 살거나 이웃 고양이들과 사이좋게 지내는 등 다른 존재들과 얼마든지 함께 살아갈 수 있다. 단, 아무런 문제없이 잘 지내는 녀석들이 있는 반면, 내성적인 고양이들은 공간을 독점하고 자기가 살피는 모든 영역의 우두머리가 되려고 한다.

사자 무리를 살펴보면 무리 내에 서열이 존재하는 것을 알 수 있는데, 고양이들 역시 조직화되거나 사교적이지는 않아도 대장 고양이를 정할 때 서열의 영향을 받는다. 심지어 다른 고양이들이 겁을 내는 경우도 있다. 그런데 대장 고양이를 조심해야 하는 것은 비단 다른 고양이들뿐만이 아니다. 인간인 우리 역시 고집스러운 고양이들의 요구 사항에 무한정 맞춰주게 될 수도 있다. 당신이 고양이의 주인이라고 생각하겠지만, 지나친 단정은 금물이다. 고양이들의 필살기인 냥냥펀치의 위력이 어느 정도인가 하면 당신의 아이는 할 수 있는 모든 방법을 동원해 당신이 냉장고 문을 열고 신선한 연어를 꺼내오게 만들 수 있다. 그것도 당신이 무슨 일이 일어난 건지 깨닫지 못하는 상태에서 말이다.

Q1. 당신의 고양이는 당신을 어떤 존재로 여기는가?

A 엄마나 아빠

B 모든 변덕을 다 들어주는 집사

C 하찮은 인간

D 가장 가까운 고양이 친구

Q2. 고양이의 애정은 변덕스러운 것으로도 유명하다. 당신의 고양이는 사랑을 나눠주는 편인가, 아니면 한 명에게만 집중하는 편인가?

A 내 고양이에겐 내가 세상의 전부라고 자신 있게 말할 수 있다.

B 조종하고 싶은 대상이 누구냐에 따라 좋아하는 집사를 바꾼다.

C 내가 배변 모래상자를 치우는 그 짧은 순간에도 기분이 수시로 바뀐다.

D 모두에게 다정하지만, 나를 제일 좋아한다.

Q3. 집에서 키우는 고양이의 수와 상관없이, 당신의 고양이가 다른 고양이와 대면했을 때 아이의 반응은?

A 자리를 피한다.

B 상황을 판단하고 조심스럽게 거리를 둔다.

C 주로 공격적인 소리를 내며 폭력적으로 위협한다.

D 다가가서 냄새를 맡고, 다정하게 '야옹'거린다.

Q4. 당신의 아이가 강제로 뭔가를 요구할 때 쓰는 방법은?

A   너무 다정해서 그럴 일이 없다.

B   부드럽지만 설득력 강한 냥냥펀치를 동원한다.

C   으르렁거리며 '성질 나쁜 고양이' 흉내를 낸다.

D   우리는 항상 마음이 잘 맞아서, 전혀 그럴 필요가 없다.

Q5. 소파에서 제일 좋은 자리를 두고 싸울 때, 당신의 고양이는?

A   나와 함께 앉는다.

B   내게 애정표현을 쏟아내며 천천히 내 옆으로 다가온다.

C   펄쩍 뛰어 올라와 내 얼굴에 엉덩이를 들이밀며 옆으로 가라고 밀친다.

D   내 무릎이 자기 자리이므로 소파는 필요하지 않다.

Q6. 고양이는 나가고 싶어 하고 당신은 못 나가게 할 경우, 이 상황을 해결하는 방법은?

A   고양이가 결국 패배를 인정한 뒤 쉴 수 있는 적당한 자리를 찾는다.

B   내보내 줄 때까지 발목 사이를 부드럽게 오가며 애교로 나를 무너뜨린다.

C   문을 열어 줄 때까지 큰 소리로 울면서 문 앞에서 버틴다.

D   좋아하는 장난감으로 놀아주기만 하면 만족한다.

Q7. 당신의 고양이가 낯선 사람을 만났을 때 자신의 우위를 과시하는 방법은?

A 겁쟁이 고양이라, 낯선 사람이 집안에 들어오자마자 사라진다.

B 1분간 착한 고양이인 척 하다가 발톱을 휘두른다.

C 굉장히 말이 많아지고, 하악질을 하거나 제일 높은 소리로 으르렁거리며 가까이 오지 못하게 한다.

D 뒤로 물러나 멀찍이 떨어져서 사람들을 파악하는 쪽을 택한다.

Q8. 공평하게 나눠먹기. 먹이가 있을 때 집 안팎에 다른 고양이들이 함께 있으면, 당신의 아이는 먹이를 따로 쌓아두는가, 아니면 너그럽게 나눠먹는가?

A 자기 몫을 공정하게 받으면 기꺼이 간식을 나눈다.

B 이 고고한 고양이는 가장 좋은 자리에서 삐까뻔쩍한 그릇에 담긴 가장 좋은 음식을 대접받는다.

C 식사시간(mealtime)의 첫 두 글자가 '나(me)'인 이유가 있다. 내 아이는 나눠먹지 않는다, 절대.

D 낙천적이고 수완도 좋아서, 어느 쪽이든 상관하지 않는다.

Q9. 배는 고픈데 평상시 먹던 사료가 싫어지면, 당신의 고양이는 어떻게 행동하는가?

A 잠시 동안은 거부하지만 공복이 심해지면 백기를 든다.

B 자신이 원하는 것을 얻을 때까지 냉장고와 내 다리 사이를 반복해서 오가며 꼬리로 다리를 휘감는다.

C 원하는 것을 얻을 때까지 내가 무엇을 주든 큰 소리로 울어댄다.

D 자기 마음에 드는 음식을 줄 때까지 부드럽게 야옹거린다.

결과

아깽이

예민함 & 우호적

사랑스러운 이 아이는 여러 면에서 어른스럽지만, 마음은 완전히 새끼고양이이다. 내면은 어린 아기이기 때문에 모든 것을 당신에게 의지한다. 마음속에 불안감을 갖고 있는 고양이일 가능성이 높고, 당신은 이 아이에게 애착담요 같은 존재이다. 아이는 불안감을 느낄 때 가장 먼저 당신에게 달려갈 것이다.

사랑이 많고 상냥하며, 당신을 독차지하는 단 둘 만의 시간을 아주 좋아할 것이다. 당신의 품에 안기면 아이는 한여름의 햇살을 받아 활짝 피어나는 꽃처럼 따뜻한 안락함을 느낄 것이다. 집고양이일 가능성이 높고, 밖에 나간다고 해도 당신의 반경에서 벗어나지 않는다.

당신이 이 아이에게 관심을 쏟는 동안 당신은 아이에게 언제나 1인자이며, 당신의 아이도 이러한 관계를 매우 좋아할 것이다. 대부분의 고양이가 극도로 독립적인 성향을 갖지만 당신의 아이는 그 기질을 잃어버렸다. 다행히 당신도 그런 관계를 좋아하며 고양이 집사로서, 당신은 아이에게 특별한 애정과 보살핌을 쏟고 있다.

능청스러운
대장 고양이

외향적 & 즉흥적

빠르고 능숙하며 고양이다운 앙큼함을 가진 이 아이는 능글맞은 여우보다 더 여우 같다. 평소에는 조용한 듯 보이지만 은밀하게 움직이며 당신의 마음을 조종해 지갑을 열게 만든다. 하지만 당신은 아무 생각이 없을 것이다. 주인을 떡 주무르듯 다루면서도 인내심을 가지고 대장 고양이가 되기 위한 길을 묵묵히 걷고 있다. 이 아이는 오랫동안 주도권을 유지하는 방법을 잘 알고 있으며 애정표현을 노잣돈 삼아 최대한 활용할 줄 안다. 물론 당신을 좋아하는 것은 진심이다. 단지 자신이 원하는 것을 해 줄 때 당신을 더 사랑하는 것뿐이다.

인간 집사를 조종하는 일은 식은 죽 먹기지만, 다른 고양이를 다루는 일은 그리 수월하지 않다. 그럴 만한 가치가 있는 일이 아니라면, 스트레스를 받을 필요가 없으므로 되도록 갈등을 피하려고 한다. 당신의 무릎 위에서 주도권을 쥐기 위한 계획을 세우면서 때가 오기를 기다리는 것이 낫다고 생각한다. 예측하기 어려운 즉흥적인 면을 많이 보이는 아이이므로, 당신의 말을 듣는 것처럼 보인다고 해서 속아서는 안 된다. 외향적이고 즉흥적인 성격이야말로 당신이 이 아이를 몹시도 사랑하는 이유다.

군림형 대장 고양이
외향적 & 지배적

수다스럽고 활동적인 이 아이는 자신을 표현하는 데 거리낌이 없다. 아이가 느끼는 감정을 당신도 고스란히 느낄 수 있을 정도다. 이 아이는 자신이 느끼는 사랑이나 불만을 당신과 똑같이 나누려는 타입이며 인간을 필요악으로 여긴다. 그렇다고 당신을 싫어한다는 것은 아니다(오히려 당신은 아주 조금 봐줄 만 하다고 여긴다). 그 어떤 것도 자신보다 우위에 두지 않는다는 뜻이다. 그런데 어떻게 그걸 알 수 있을까?

고양이를 키우는 집에는 으레 털 뭉치가 집안 곳곳을 굴러다닌다. 고양이는 자신의 체취와 흔적으로 존재감을 각인시킨다. 만약 엉뚱한 고양이가 자신의 영역을 침범하면 아이는 바닥을 뒹굴며 이곳이 자신의 영역임을 표시한다.

당신의 고양이는 절대 곁을 내어주는 아이가 아니며, 자기만의 공간을 아주 중요하게 여기기 때문에 아무리 친한 고양이라도 의심받지 않기 위해 조심해야 한다. 이 아이가 화가 나면 로켓처럼 분노를 표출한다. 이처럼 공격적인 성향을 가졌기 때문에 다른 고양이들에게 경고의 눈초리를 쏘아대기도 하지만 자신의 집사에게는 공격적이지 않다. 군림하는 것을 좋아하는 성격이지만 이 아이가 대장이라는 것을 당신이 잘 알고 있는 한, 아무것도 걱정할 필요 없다!

절친
외향적 & 우호적

이 아이는 모두에게 최고의 친구가 될 수 있다. '야옹'이라는 짧은 울음소리로 당신의 마음을 사로잡는 것은 물론 주변에 있는 이들에게 항상 인사를 건네며 새로운 친구를 사귀는 것을 좋아한다.

누구나 이 아이에게 가까이 다가갈 수 있으며 아이 스스로도 부담스럽게 느끼지 않는다. 상냥한 태도를 소유한 자신감 넘치는 타입이며 한껏 성이 나게 만들기도 쉽지 않다. 이 아이에게는 권력 싸움도 관심사가 아니다.

편히 앉아서 쉴 수 있는 무릎을 좋아하며 그것도 자신이 가장 좋아하는 상대의 무릎이라면 더할 나위 없이 만족해한다. 당신과 함께 노는 것보다 좋아하는 것은 없으며 당신이 좋아하는 것이라면 무엇이든 함께 공유하고 싶어 한다.

적극적인 성향을 가진 만큼 같은 집단의 일원으로 함께 하는 것을 좋아하지만 높은 곳에서 군림하는 것은 원하지 않는다. 권력의 정점에 서려는 노력을 따분하게 여길 뿐더러, 실전으로 옮길 만한 소질도 없다. 이 아이에게 진정한 기쁨이란 주변의 모든 이들과 동등한 관계를 유지하며 친밀하게 지내는 것이다.

일상 속 습관

당신의 아이는 어떤 일상을 보내고 있을까?

고양이도 사람과 마찬가지로 일상 속에서 여러 가지 모습을 보인다. 모험을 좋아하는 고양이가 있는 반면, 좀 더 조용한 방법을 선호하는 고양이들도 있다.

대부분의 고양이들은 반복되는 일상을 즐기며 은신처로 여기는 안전한 공간이든, 음식을 먹은 뒤 그루밍을 하는 시간이든 익숙한 일상을 선호한다. 하지만 본래 삶이란 곳곳에 방해 요소가 있기 마련이다.

당신의 아이가 곤란하거나 방해가 되는 것에 대처하는 방식을 알면 아이가 제일 원하는 것이 무엇인지 알 수 있다. 고양이의 주인으로서, 아이의 심리 상태와 기질을 이해하면 그때그때의 기분과 기질이 언제 바뀌는지, 바뀌었을 때 아이의 심리 상태는 어떤지 알게 될 것이다.

아이의 기질이 미묘하게 바뀌는 순간, 아이의 강점과 약점이 드러나며 이것은 더 깊은 유대관계를 맺게 도와준다. 당신의 아이와 더 가까워지고 싶다면, 함께 하는 일상을 더 즐겁게 만들 수 있는 방법을 생각해 보자. 고양이 특유의 변덕스러움을 잘 이용하면 아이의 관심사가 어디로 향하는지 흐름을 따라잡을 수 있다. 그것이 뜻밖의 놀라움까지는 아니더라도, 당신의 아이가 가진 즉흥적인 기질을 은근히 즐기고 있는 스스로를 발견할 수 있을 것이다.

Q1. 매일 출근을 하거나, 또는 장을 보러 가기 위해, 우리는 집을 비우고는 한다. 그런데 고양이들에게 이 시간은 천국일 수도, 지옥일 수도 있다. 당신의 고양이는 어떻게 반응하는가?

A 관심 없는 척 하지만 손톱 손질을 멈추지 않는다.

B 내가 문 밖으로 나가기 직전까지 기다렸다가 나에게 고양이털을 잔뜩 붙여놓는다.

C '발 걸어 넘어트리기' 놀이를 시전하며 내 다리 사이를 누비고 다닌다. 결국 내 손발을 다 못쓰게 만들어 놓고 나는 집에 남아 아이와 놀아준다.

D 내가 돌아올 때까지 풀이 죽은 표정으로 문 앞에 앉아 있다.

Q2. 예상치 못한 손님이 방문하거나 가족 모임까지, 낯선 사람들이 오가는 집은 고양이들에게 분주한 장소일 수 있다. 당신의 고양이는 누군가 자기 공간을 침범할 때 어떤 반응을 보이는가?

A 걸음걸이를 뽐내며 자신의 절묘한 아름다움을 새로운 사람들에게 과시한다.

B 모든 방문객들이 자신의 시중을 들기 위해 새로 온 집사들이라고 생각한다.

C 캣닢 장난감만 가져온다면, 얼마든지 들어와도 상관없다는 태도를 보인다.

D 모르는 인간이 고양이의 친구가 될 수 있는 유일한 방법은 간식을 가져오는 것임을 보여준다.

Q3. 당신의 고양이가 하루 중 가장 많은 시간을 할애하는 일은?

A 멋진 모습을 보여주기 위한 그루밍 (털 손질하기, 털 다듬기)

B 낮잠 자기, 쉬기, 졸기, 누워 있기

C 추격 놀이 및 사냥 놀이

D 간식 먹기

Q4. 느긋한 상태든 극도로 예민한 상태든 당신의 고양이가 평상시 보이는 기질은?

A 무관심하다.

B 쌀쌀맞다.

C 호기심이 많다.

D 다정하다.

Q5. 대부분의 고양이들이 가장 두려워하는 날은 정기 검진을 위해 수의사를 만나는 날이다. 병원 가는 날 당신 아이의 반응은?

A 무시한다. 늘 하던 대로 일상을 보내기 때문에 병원 가는 날은 아이가 참고 받아들일 수밖에 없다.

B 느긋하다. 병원에 가는 날은 잠을 더 잘 수 있고 집사와 좀 더 함께 있을 수 있어서 좋아한다.

C 일단 녀석을 잡아야 병원에 갈 수 있다.

D 최대한 '쫄보' 행세를 하며 구석에서 몸을 웅크린다.

Q6. 약을 먹이는 일은 모든 집사들이 겁내는 일이다. 당신의 아이는 어떤 환자인가?

A 심술쟁이 환자. 억지로 약을 먹이는 걸 극도로 싫어한다.

B 수선 떨지 않고, 약을 먹이게 둔다.

C 멀찍이 떨어진다! 뭔가 다가오고 있다는 것을 알지만 무엇인지 확인하기 위해 주변을 어슬렁거리지 않는다.

D 좋아하는 간식 속에 감춰서 주면 약 먹이는 것쯤은 식은 죽 먹기다.

Q7. 모든 고양이에게는 위험하다 싶으면 몸을 숨기는 은신처가 있다. 상황이 불리해졌을 때 당신의 아이가 숨는 곳은?

A 장롱 위

B 포근하고 아늑한 소파 구석

C 날쌔게 튀어나올 수 있는, 커튼 뒤에 가려진 창틀

D 집사의 손이 닿지 않고 먹이가 가까운 곳에 있는, 냉장고 위

Q8. 당신의 아이와 가장 행복한 순간 또는 시간을 하나만 선택한다면?

A 아주 사소한 애정표현을 해 주는 순간

B 소파에서 함께 빈둥대는 시간

C 좋아하는 간식을 주며 함께 시간을 갖는 특별한 놀이 시간

D 집에 돌아왔을 때 잽싸게 달려와 인사하는 순간

Q9. 먹는 것에 진심인, 감수성 풍부한 아이부터 오로지 살기 위해 음식을 먹는 아이까지 먹이를 대하는 고양이의 태도를 보면 아이의 깊은 속마음을 파악할 수 있다. 다음 중 당신의 고양이를 가장 잘 묘사하는 문장은?

A 기대 이하의 음식을 주면 콧방귀를 뀐다.

B 직감에 따라 행동하는 편으로 기분이 좋으면 뭐든 오케이. 평상시보다 컨디션이 좋지 않으면 입맛도 사라진다.

C 먹이는 움직이기 위해 섭취하는 연료 정도로 생각한다.

D 먹기 위해 산다고 할 정도로 먹는 것을 좋아한다.

결과

냉정한 고양이

예민함 & 외향적

이 아이를 한 마디로 표현한다면 무관심의 결정체이다. 고양이와 인간의 서열상 가장 높은 자리를 차지하고 앉아 아랫것들을 내려다보는 중이다. 그렇다고 지나치게 지배 적이지는 않다.

녀석의 권력은 '무관심'에서 나온다. 자기만의 규칙이 있으며, 전례를 따를지 따르지 않을지 여부는 오로지 당신에게 달려있다. 규칙적인 일상을 중요하게 여기지만, 습관 의 노예라고 생각하면 곤란하다. 그와는 거리가 멀다.

무언가 변화를 원할 때는 확실하게 알려준다. 대놓고 외향적인 타입은 아니며, 영리한 데다 통제권도 가지고 있다. 상황을 컨트롤 할 수 있는 주도권을 잡는 것을 좋아하는 편이다. 외모를 중시하기 때문에 항상 깔끔하고 정돈 된 모습을 보여주며 규칙적인 그루밍은 필수 이다. 다른 고양이들과 (그리고 인간들과) 자 신은 다르다고 여기지만 심성은 여리며 관심을 받는 것도 은근히 즐긴다. 공 주님 모시듯 대하면 당신에게 최대 한의 애정과 신뢰를 품을 것이다.

차분함의 정석

외향적 & 우호적

이 아이는 득도 수준의 평정심을 가진 아이다. 현재 상태에 그지없이 만족하고 있으며 자신감에 차 있다. 심지어 싸늘한 분위기 속에서도 흐트러짐이 없다. 다른 고양이들 위에서 군림하고 싶어 하지도 않고 그렇다고 노이로제에 시달리지도 않는다.

이 아이는 차분하고 다정하며 한결같은 반응을 보여준다. 친구를 쉽게 사귀며, 비가 오나 눈이 오나 늘 같은 모습을 보여주기 때문에 안아주고 싶은 친구다. 이 아이가 가장 좋아하는 것도 당신을 부둥켜안고 자는 것이다. 우렁찬 골골송이 확실한 증거이다!

고양이가 아닌 다른 종의 동물들과도 잘 지내며, 예민하게 굴지 않는다. 이 아이의 오픈 마인드는 주변의 모든 것들을 기꺼이 수용하고 받아들인다. 하지만 유감스럽게도, 이런 기질 때문에 종종 난투극이 벌어지곤 한다. 다른 성향의 고양이들에게 이 아이는 표적이 될 수 있다. 그럼에도 불구하고 아이는 가급적 충돌을 피하려고 한다. 싸움꾼이 아니라 사랑꾼이기 때문이다.

교묘한 빤질이
외향적 & 즉흥적

빠르고, 영리한 데다 민첩하고 냉혹한 이 고양이는 활동성이 아주 강한 아이다. 이 아이를 움직이게 만드는 원동력은 '자유'이며 한번 호기심을 가지면 기어코 궁금증을 풀어야 한다. 당신이 요가를 하는 자리에 비집고 들어오든 갈라진 벽 틈새를 확인하든, 녀석은 끊임없이 분주해야 한다.

외향적인 성격이라 용감하고 대담무쌍하며 집에서 일어나는 거의 모든 일에 참견하지만 단 자신이 원하는 경우에 한해서만 그렇다. 집안의 물건들을 여기저기 옮겨 놓고 찾게 하거나 당신이 몸으로 놀아주는 것을 가장 좋아하며 새끼 고양이 같은 활달한 기질은 인스타그램 등 여러 SNS를 통해 널리 알려져 있다.

긁고 냄새 맡고 찢고 제멋대로 헤집어 놓는 것을 좋아하기 때문에, 이 아이를 키우는 집사는 따분함을 느낄 새가 없다. 특히 소파와 비슷하게 생긴 것은 무엇이든 물고 뜯는 것을 좋아한다. 당신이 이 아이에게 해 줄 수 있는 가장 좋은 것은 끊임없이 바쁘게 만들어주는 것이다. 장난스러운 태도로 신나게 놀아준다면 이 아이는 평생 당신의 친구가 될 것이다.

4
5

수줍음이 많은 고양이

예민함 & 우호적

다정하고, 겁이 많으며, 내성적인 이 아이는 자칫 외톨이로 보이기도 한다. 다른 고양
이들과 여럿이 함께 있을 때 쉽게 불안감을 느끼며 사람에게도 마찬가지다. 하지만 충
분한 인내심을 가지고 기다려주면 바뀔 수 있다.

아이의 신뢰를 얻고 싶다면 맛있는 간식을 주면서 다정하게 속삭여 주는 것이 정답이
다. 규칙적인 일상을 중요시하기 때문에 아주 사소한 변화에도 예민하게 반응하지만,
초반의 긴장감을 극복하고 나면 괜찮을 것이다. 단, 당신이 곁에 있다는 전제하에.

예민하고 수줍음이 많기 때문에 자칫 공격적이거나 고집스러워 보일 수도 있지만 본
성은 전혀 그렇지 않다. 내성적인 이 아이가 가장 원하는 것은 심리적인 안정이므로 많
이 안아주고 조용하고 차분한 시간을 가능한 오래 갖는 것이 좋다.

지능

당신의 아이는 어떤 사고방식을 갖고 있을까?

설화 속에 등장하는 고양이들은 독특한 매력을 가지고 있다. 마녀와 한패(또는 동물로 변신한 마녀 자체)든 요정의 친구든, 다른 세계를 관조하는 듯한 고양이들의 눈은 신비스럽기까지 하다. 머리부터 꼬리까지 넘치는 매력을 가진 고양이들은 늘 우리를 설레게 한다.

타고난 능력도 대단해 극도로 불안정한 곳에서도 날렵한 다리를 이용해 균형을 잡는다. 이 뛰어난 재주와 빠른 두뇌 회전이 결합해 고양이는 동물계의 슈퍼히어로가 되었다.

사람마다 각자의 강점이 있듯, 고양이들도 마찬가지이다. 당신의 고양이가 천재는 아니더라도 생활 속의 지혜를 터득한 영리한 고양이일 수는 있다. 만약 그렇다면 당신은 집안의 실세나 다름없는 고양이를 모시고 있는 셈이다. 당신의 고양이가 숨기고 있는 재능이 무엇이든 그 귀여운 솜방망이로 아이는 손쉽게 당신을 컨트롤할 수 있으며 그 사실 하나만으로도 고양이의 능력을 증명하기에는 충분하다!

Q1. 개와 마찬가지로 고양이도 정말로 마음이 동할 때는 보호자의 지시를 따른다. 당신의 지시에 고양이가 보이는 반응은?

A '쟤 뭐래니' 라는 표정을 확실하게 지어 보인다.

B 간식만 주면 만사 오케이!

C 잠깐 따르다가도 다른 흥밋거리가 생기면 나에 대한 관심은 즉시 사라진다.

D 기지개를 켜고, 하품을 하며 자는 척을 한다.

Q2. 당신이 실수로 고양이를 방 안에 두고 외출을 해버렸다면, 아이는 어떻게 행동할까?

A 다시는 그런 실수를 하지 못하도록, 내 침대 위에 배변 테러를 선사한다.

B 할 수 있는 모든 방법을 동원해 방문 여는 법을 알아낸다.

C 열린 창문 사이로 빠져나간다.

D 이불 안으로 기어들어가 내가 돌아올 때까지 기다린다.

Q3. 당신의 고양이가 똥을 싸는 장소는?

A 이웃집 마당에서 해결한다.

B 배변용 모래 상자. 언제나 깔끔하게 덮고 나온다.

C 아주 자연스럽게 밖에서 해결하고 들어온다.

D 주로 모래 상자에서 해결하지만, 집안 곳곳에 흔적을 남겨두기도 한다.

Q4. 최근에 이사를 했다면, 당신의 아이가 새 보금자리에서 편안함을 느끼고 자신 있게 행동할 때까지 얼마나 걸릴까?

A 즉시 한 공간을 장악한 뒤 '자신의' 안전지역임을 확실하게 알린다.

B 방마다 순찰을 돌며 침입자가 있는지 구석구석 확인한다.

C 첫날부터 자기 리듬을 찾고 별다른 소동 없이 적응한다.

D 최소한 일주일은 숨어 지내며, 밥 먹을 때만 나온다.

Q5. TV에서 당신이 좋아하는 동물이 나올 때, 당신의 아이는 어떻게 반응할까?

A TV 내용보다는 내 무릎 위에 누워있는 것에 더 관심을 둔다.

B 새가 지저귀는 소리에 귀를 쫑긋 세우며 화면에서 눈을 떼지 못한다.

C TV에 덤벼들고, 밀고, 주변을 맴돌며 새를 잡으려고 야단이다.

D 동물들의 날카로운 울음소리를 들으면 숨숨집으로 줄행랑을 친다.

Q6. 햇살이 쨍쨍하지만 폭풍이 몰려온다는 예보가 있는 날이다. 고양이의 반응은?

A 햇볕이 아무리 따스해도 소파에 딱 붙어서 움직이지 않는다.

B 가만히 있지 못하고 부산을 떨며 창밖을 내다본다.

C 외출냥이라서 아무런 상관이 없다.

D 비가 한 방울만 떨어져도 내 곁에 있으려고 뛰어 들어온다.

Q7. 당신이 쇼핑에서 돌아왔을 때 당신의 아이가 보이는 반응은?

A 제일 좋아하는 공간에서 몸을 웅크린 채 앉아 있다.

B 창틀에 앉아 나를 기다리고 있다.

C 이리저리 돌아다닌다.

D 자기 숨숨집에 숨어 있다.

Q8. 고양이에게는 육감이 있다고 하는데, 당신의 아이가 가진 능력은 무엇인가?

A 내 아이는 고양이계의 유리 겔라이다. 내 마음을 읽고 내게 가장 필요한 것이 무엇인지도 안다.

B 셜록 홈즈 급의 추적 능력

C 탈출 곡예사 후디니 저리가라 할 수준의 탈출 기술

D 내가 친구와 함께 있을 때는 늘 발휘되는 투명인간 급의 숨기 기술

Q9. 이름을 부를 때 당신의 고양이가 보이는 반응은?

A 마음이 동하면 내게 다가오지만, 다른 데 신경을 쓰고 있으면 기다려야 한다.

B 이름 부르는 소리를 들었다고 큰 소리로 야옹거리며 대답한다.

C 어디에도 보이지 않음.

D 순식간에 다가와 간식을 요구한다.

결과

폭리를 취하는 모리배

외향적 & 지배적 & 즉흥적

가히 고양이계의 마키아벨리라고 할 수 있다. 겉으로 보기에 조용하다고 해서 이 약삭빠른 고양이에게 속아 넘어가지 마시길. 자신이 무엇을 하고 있는지 정확하게 아는 타입이다. 무관심한 태도를 유지하면서도 은밀하게 상황을 검토한다. 관대한 듯하지만 물 흐르듯 자연스러운 태도와 패권 사이에서 균형을 유지하는 중이다. 기회를 포착하고 변화의 추세를 최대한 활용할 준비가 되어 있으며 다른 고양이들이 자신의 꾀를 이용해 문제를 해결하려 할 때, 실세인 이 아이는 한 단계 더 나아가 사태가 전환될 때마다 챙길 수 있는 이득을 요구한다. 선택권이 주어지면, 가장 좋은 것을 택한다. 안락한 삶을 좋아하며, 원하는 것을 얻기만 한다면 행복한 아이다.

지능

천재

외향적 & 즉흥적 & 우호적

상냥한 천재 타입의 이 아이는 뉴턴이 발견한 중력의 법칙을 능수능란하게 시험할 줄 안다. 어떻게 하면 새를 잡을 때 상대성 이론을 적용할지 고민할 것 같은 이 아이의 활동적인 두뇌는 새로운 경험을 찾느라 언제나 바쁘다. 사람을 즐겁게 하는 존재로, 집사가 웃는 것을 보는 것보다 더 좋아하는 일은 없지만, 훈련을 시키기엔 쉬워도 당신이 원하는 것을 항상 해 주지는 않는다. 이 호기심 많은 녀석은 자극이 필요하고, 집안에서 자극을 얻지 못하면 집밖 먼 곳까지 모험을 하려고 한다. 탐험하기를 좋아하기 때문에 활동 반경이 넓은 경우가 많다. 특히 조립용 제품들을 좋아하는데 왕성한 호기심을 채우는데 유용하기 때문이다. 삶 자체를 즐겁게 여기며 동시에 당신의 열렬한 팬이다. 이 아이의 익살스런 행동은 분명 당신을 기쁘게 할 것이다.

Mostly C

실용주의자

외향적 & 지배적 & 우호적

실용주의적 성향이 강한 이 아이의 내면에는 금방 싫증을 내는 기질이 숨겨져 있다. 좀처럼 붙잡아두기가 어려우며, 쉽게 흥미를 잃지만 언제든 오를 수 있는 따뜻한 무릎에 마음대로 오가는 것을 좋아한다. 즉, 안아주는 것을 좋아하지 않는다는 뜻이 아니라, 자기가 내킬 때만 허용한다는 의미이다. 밖으로 나가는 것을 좋아하며, 어떤 식으로든 구속되는 것은 싫어한다. 지능지수가 최상위권은 아닐지라도, 영리하고 스스로를 제어할 줄 안다. 철학적인 타입은 아니지만 다양한 재주를 가지고 있다.

항상 자신감 넘치는 태도로 움직이며 익숙하지 않은 영역도 거침없이 뚫고 나가는 성격이다. 만약 손이 많이 가지 않는 고양이 친구를 찾고 있다면, '보이는 게 전부'인 이 고양이가 안성맞춤이다. 삶에 대한 솔직담백한 태도로 당신의 마음을 무장 해제시키는 이 고양이는 (찾을 수만 있다면) 곁에 있는 것만으로도 기쁨이 된다.

어수룩한 고양이
예민함 & 우호적

겁이 많은 타입으로 보이지만 - 예민해서 모자만 내려놔도 놀라서 펄쩍 뛰는 건 사실이다 - 세심한 타입인 것은 분명하다. 사람에게 곁을 잘 내주지 않는 고양이들처럼 세상물정에 밝지 않을지는 몰라도, 당신의 마음을 읽는 능력만큼은 그 부족함을 만회하고도 남는다. 당신이 아프거나 우울할 때, 제일 먼저 곁을 지켜주는 존재이다. 당신을 향한 이 아이의 사랑은 끝을 모르며, 당신이 정말로 필요로 할 때 넘치는 사랑과 골골송으로 당신을 위로할 것이다. 뿌리 깊은 불안감을 가지고 있지만, 집사의 도움을 받으면 사람을 신뢰할 수 있고 불안한 상황에서 마음의 안정을 찾는 법도 배울 수 있다. 소심하고 감각도 예민하나, 자신에게 주어진 것에 만족할 줄 안다. 특별한 자극이나 모험이 필요 없는 이 집순이는 익숙한 광경과 소리에서 편안함을 느낀다.

건강 & 상태

고양이가 외모를 가꾸는 법

아름다운 외모를 가진 고양이를 사랑하지 않기란 쉬운 일이 아니다. 고양이들도 이점을 알기 때문에 자신의 미모를 유리한 장점으로 사용한다. 물론 귀여움으로 승부하거나 애교로 사람들의 마음을 사로잡는 고양이도 있다.

고양이들이 외모 관리에 신경을 쓰는 이유는 기본적으로 일정한 관리가 필요하기 때문이다. 그들이 그루밍을 하는 것은 DNA에 새겨진 본능이다. 그루밍은 혈액순환에 도움을 주고 엉킨 털을 제거해 준다. 또한 인간과 고양이 사이의 유대감을 강화시켜 주기도 한다.

사람이 빗질해 주는 것을 좋아하는 고양이도 있지만 가급적 건드리지 않는 것을 선호하는 고양이들도 있다. 외모 관리에 민감한 고양이들은 확실히 몸단장에 신경을 쓰고 사람들의 시선을 받는 것을 즐기지만, 내성적인 아이들은 눈에 띄지 않게, 은밀하게 지내는 것을 선호한다.

사실 아름다움의 기준은 보는 사람마다 다를 수밖에 없다. 하지만 고양이가 몸관리를 하는 방식은 그 아이의 자신감과 소통 방식을 보여 준다. 또 모질 컨디션에 따라 아이의 건강 상태까지 알 수 있다.

Q1. 당신의 아이가 그루밍 하는 방식을 한 마디로 요약한다면?

A 그런 거 없음. 흥미로운 것들이 줄지어 기다리고 있어 한가하게 털이나 매만지고 있을 시간이 없음.

B 한 올의 털도 흐트러짐 없이 꼼꼼하게 관리함.

C 자연스러운 것을 선호하는 타입. 있는 그대로 있어도 아름다우니까.

D 그때그때 다름. 길고양이라고 해도 믿을 정도로 엉망이거나 깔끔하게 정돈된 최상의 컨디션이거나.

Q2. 크리스마스가 되어 당신이 온 힘을 다해 화려한 소품으로 집안을 장식할 때, 당신의 아이는 이 변화를 어떻게 받아들일까?

A 크리스마스트리 방울과 반짝이 조각이라… 입을 수는 없지만 사냥놀이용으로는 최고로군.

B 반짝거리고, 빛나고, 달콤한 냄새가 나는 거품. 모든 게 다 마음에 드는데?

C 크리스마스트리가 되고 싶어 몸에서 가지가 뻗어 나올 기세.

D 크리스마스용 리본은 좋은데, 구닥다리 산타 모자는 별로야.

Q3. 사진을 찍어주려고 할 때, 아이의 반응은?

    A   초긴장 상태

    B   카리스마 그 자체

    C   관심 없음

    D   궁금함

Q4. 고양이를 꼭 끌어안고 있을 때, 고양이에게서 나는 냄새와 가까운 것은?

    A   축축한 흙과 쓰레기통 냄새

    B   비싼 향수 냄새

    C   집 냄새

    D   내가 제일 좋아하는 사탕 냄새

Q5. 당신의 아이가 기분이 좋을 때, 쓰다듬어 달라고 요구하는 방법은?

    A   관심을 받기 위해 만져주길 원하는 신체 부위를 들이댄다.

    B   충분히 마사지를 받으면 수동적인 아이가 된다.

    C   가까이 다가와 짧게 머리를 비빈다.

    D   배를 보이며 발라당 눕는다. 턱부터 배까지 쓸어내리며 간지럽히는 것을 제일 좋아한다.

Q6. 당신의 집에 친구들과 가족들이 북적거릴 때 당신의 고양이는 그 상황을 어떻게 받아들이나?

A 마당에 나가 새 잡기에 열중한다.

B 사람들 사이를 오가며 더 많은 추종자들을 만든다.

C 집사가 바쁘므로 자기 할 일만 한다.

D 먹을 것을 빼앗고 사람들의 무릎 위를 뛰어다니며 소란을 피운다.

Q7. 식사 예절에서도 아이의 성격은 드러난다. 당신의 아이는 얌전하고 차분한 타입인가 아니면 먹는 것에 진심인 타입인가?

A 밥그릇에 코를 박은 채 먹는다.

B 한 알 한 알 꼭꼭 씹으며 음미한다.

C 조금 먹은 뒤 집안 곳곳에 쟁여놓았다가 여러 번 나눠서 먹는 스타일이다.

D 세상 느긋한 자세로 앞발을 이용해 조금씩 먹는다.

Q8. 당신의 고양이를 표현하는 해시태그는?

A #도도냥

B #냥므파탈

C #안아줘라냥

D #미모는나의무기

Q9. 고양이 목줄을 고를 때, 당신의 아이가 좋아하는 스타일은?

A 치렁치렁한 장식도, 방울도 없는 단순한 목줄

B 약간의 광택이 있는, 고급스러운 핑크색 제품

C 목줄 따위는 필요 없음

D 은색 징이 박힌 목줄에 환장함

결과

대장님
지배적 & 우호적

이 아이는 어떤 착각도 하지 않는다. 내가 아닌 다른 무엇이 되기 위해 흉내를 낼 필요를 느끼지 않으며 주변에 어떤 변화가 일어나도 상관하지 않는다. 삶이란 그저 살아가는 것이며 잡아야 할 새가 있고 뜯어야 할 풀밭이 있다면 늘어져서 몸치장에 신경 쓸 시간은 없다. 자유로운 영혼의 소유자인 이 고양이는 고양이다운 본성을 모두 갖고 있다. 이 아이는 누구도 사기보나 고양이에 내해 잘 알지 못한다는 것을 일고 있다. 능숙한 사냥꾼인 이 아이는 최상의 컨디션을 유지하기 위해 모든 감각과 기술을 사용한다. 자신감 넘치는 성격 때문에 아마도 주변에서 가장 인기가 많을 것이다. 어떤 방법으로든 자신의 존재감을 드러내며, 약삭빠른 기질을 발휘해 당신의 관심을 얻어낸다. 다른 어떤 고양이보다 장난을 좋아하지만, 반드시 자기 취향에 맞아야 한다. 추종자가 아닌 리더로서 기꺼이 당신 곁에서 함께 살아갈 것이다(단, 당신이 대장 고양이의 지시를 따른다는 전제 하에).

건강 & 심리 상태

패셔니스타

외향적 & 지배적

멋진 스타일이 돋보이는 이 아이는 고양이계의 트랜드 세터로서, 다른 고양이들이 감히 시도하지 못하는 것을 도전하는 데 주저함이 없다. 모든 것이 자신의 팬층을 만들기 위해서랄까! 엉뚱하고 독창적인 이 고양이는 외향적인데다 완전히 바람둥이다. 자신이 좋아하는 상대에게는 변덕스럽게 보일 수도 있는데, 이 모두가 애정 표현이다. 관심을 가장 중요하게 여기며, 관심을 많이 받을수록 더 행복해지는 타입이기 때문에 친구나 가족 혹은 당신의 공간에 들어오는 그 누구와도 아이를 공유할 각오를 하시길. 단, 꾸미기 놀이를 싫어하지는 않지만, 선을 넘지는 말아야 한다. 이 아이에게도 한계라는 것이 있으니까.

기본적으로 집사의 헌신을 원하는 타입이다. 당신이 시간과 정성을 쏟고, 열정을 가지고 애지중지 다루며, 반복해서 빗질을 해 준다면 가장 멋진 포즈로 당신에게 보답할 것이다.

뻔뻔스러운 예쁜이
외향적 & 우호적

이 고양이의 매력은 굳이 가꾸지 않아도 된다는 점이다. 애를 쓸 필요가 없는 것이, 타고난 미묘이기 때문이다. 보기에도 예쁘고 안기에도 좋은 이 아이는 부드러운 애착 인형과 같다. 선천적으로 태평한 이 고양이는 팬이 많은데, 그 비결은 단순하다. 바로 가진 것에 만족하는 것. 사교적이고 다정해서, 친구를 사귀는 데에도 어려움이 없지만, 탁월한 붙임성을 가지고도 절대 돌아다니는 법이 없다(줄에 매여 공원을 산책하는 경우는 절대 없음). 지나치게 놀리면 가르릉 거리던 골골송이 으르링 거리는 하익질로 바뀌겠지만 정중하게 대하면 실내에서 길들일 수 있다. 완전한 자유와 자신만의 영역을 중요하게 생각하지만 마음으로는 당신을 단짝으로 여기며, 당신이 있는 곳이 언제나 녀석의 안식처가 된다.

연예인
지배적 & 즉흥적

말 그대로 연예인 고양이이다. 애니메이션에 등장하는 가죽 장화를 신은 고양이가 바로 이 아이다! 고양이계의 마를린 먼로이자, 진짜 고양이로, 의기양양하고 예민하며 언제나 문제를 일으킬 수 있는 존재이다. 이 아이는 가르랑 거리는 소리도 힘찬 데다 즉흥적이고, 충동적이어서 십중팔구 당신의 예측을 벗어나는 경우가 많다. 은혜를 원수로 갚는 스타일일 수도 있지만, 순식간에 돌변하기도 한다. 지나치게 자극하면 대가를 지불하게 될 것이므로, 있는 그대로 두는 것이 상책, 그것이 이 아이의 주특기이다.

특징은 차고 넘치도록 많다. 당신의 친구들을 즐겁게 해줄 뿐만 아니라, 자신에 대한 당신의 애정을 이용해 원하는 것을 쟁취한다. 아마 이 아이는 당신의 물건 중 제일 비싼 시폰 스카프 위에서 식빵을 구울 수도 있다. 그래도 된다고 생각하니까. 아무 이유 없이 야옹거리지만 그렇기 때문에 더욱 사랑받는 아이다.

건강 & 심리 상태

꿀잠 지수

고양이의 수면 패턴을 통해
알 수 있는 것

고양이가 자는 모습보다 더 평화로운 광경은 없다. 귀엽고 평온한 모습을 보고 있으면 저절로 명상이 될 정도다. 고양이들은 토막잠을 자는 것에 익숙한데 눈을 붙이고 몸과 마음을 재충전하는 시간을 갖는 것이 얼마나 중요한지도 잘 안다. 사람이 봤을 때는 고양이가 항상 잠을 자는 것처럼 보이지만, 그것은 고양이마다 다르다. 고양이는 하루 평균 열두 시간에서 열여섯 시간 동안 잠을 잔다. 생활에서 큰 비중을 차지하는 것이 수면이기 때문에, 제대로 잠을 자는 것은 매우 중요하다.

불편한 잠자리는 고양이를 까칠하게 만들 수 있지만, 몸을 동그랗게 만 상태에서 편안하기만 하면 수면 장소는 각자의 취향에 따라 달라진다. 인간과 마찬가지로 고양이도 REM 수면 상태, 즉 꿈을 꾸는 상태에 들어가는데 어떤 꿈을 꾸는지 인간은 추측할 수밖에 없다. 다만 수면 습관을 보면 당신의 아이에게 무엇이 중요한지, 그리고 아이의 욕구가 어떤 방식으로 통제되고 있는지를 알 수 있다. 여기서 분명한 건 고양이들에게 충분한 휴식은 행복을 결정짓는 가장 중요한 요소라는 점이다.

Q1. 침대나 소파, 혹은 재충전을 위한 나만의 공간을 아이와 공유하는 것이 곤란한 집사들도 있다. 보기 중 당신의 고양이가 휴식을 취할 때 선호하는 장소는?

A 어디라고 콕 찍어 말할 수 없다. 내가 있는 곳이면 어디든 좋아하니까. 내 잠자리를 차지하거나 내 곁에 바짝 붙어 파고든다.

B 아늑하면서도 사방이 막힌 공간을 선호한다. 양말 서랍, 잡지꽂이, 화장실 세면대 등 마음에 들면 어디든 차지하고 그 안에서 몸을 뻗는다.

C 있어서는 안 되는 곳이면 어디든 좋아한다.

D 대장 고양이를 위해 특별히 준비한 아늑하고 푹신한 숨숨집. 다른 곳에 있을 이유가 없으니까.

Q2. 정해진 루틴을 꼭 지켜야 하는 고양이들이 있는 반면, 규칙적인 것이라면 무엇이든 거부하며 제멋대로 행동하는 녀석들도 있다. 잠자리에 들 때 당신의 고양이는?

A 일찍 자고 일찍 일어나서 아침밥을 먹기 위해 부하들을 집합시킨다(내가 바로 그 부하임).

B 저녁 일과를 마치기 전에 반드시 숨바꼭질 놀이를 해야 한다.

C 잠자리에 드는 것이 무엇인지 모른다.

D 정시에 일분일초라도 이르거나 느리지 않게 불을 꺼야 하며, 감히 정해진 규칙에서 벗어나면 목청 높여 울어댄다.

Q3. 인간과 마찬가지로 고양이도 꿈을 꾸며 가끔은 악몽도 꾼다. 당신의 아이는 꿈나라에 빠져들면 어떤 수면 행동을 보이는가?

    A   조용히 숙면을 취한다.

    B   상자의 개수를 세는 듯 앞발을 움직인다.

    C   약하게 채터링을 하며 무언가를 잡으려고 한다.

    D   먹는 꿈을 꾼다. 예를 들면 육즙이 흘러나오는 통통한 새우들 위에 우아하게 얹은 얇은 훈제 연어 조각들이 나오는.

Q4. 수면 자세를 보면 아이들의 감정에 대해 많은 정보를 얻을 수 있다. 당신의 고양이가 좋아하는 잠 잘 때 자세는?

    A   바닥에 등을 대고, 다리를 대자로 뻗은 채 행복한 표정을 지으며 혀를 내밀고 있다.

    B   틈새라면 어디든 몸을 구겨 넣는다.

    C   한쪽 눈을 뜬 채 언제든 행동 개시할 준비 태세로 제자리에 가만히 앉아 있다.

    D   동그랗게 만 몸을 꼬리로 살포시 감싼, 전형적인 고양이 자세를 취한다.

Q5. 당신의 고양이는 누구와 함께 자는가?

    A   당연히 나와 함께!

    B   제일 좋아하는 장난감이나 친구.

    C   햇빛만 있으면 어디든.

    D   잠잘 때는 혼자 있는 것을 좋아함.

Q6. 잠결에 걸어 다니거나 코를 고는 등 우리의 신체는 잠을 자는 동안에도 움직이며, 이것은 고양이들도 마찬가지이다. 당신의 아이가 잠결에 하는 최악의 잠버릇은 무엇인가?

A 코골이

B 꼼지락거리기

C 노려보기

D 꼼짝하지 않은 채 독특한 포즈 취하기

Q7. 고양이들은 잠을 자는 동안만큼은 그지없이 평온해 보인다. 만약 당신의 고양이가 말을 할 수 있다면, 당신에게 어떤 조언을 해 줄까?

A 생각하지 말고, 그냥 자.

B 더 많이 움직이면 더 잘 자는데.

C 잠이 왜 필요하지?

D 어떻게 자는가는 중요하지 않아. 좋은 면으로 만든 이불이 있는지가 중요하지!

Q8. 고양이가 당신의 곁이나 무릎 위에서 잠이 들면, 당신은 어떤 기분이 될까?

A 같이 자고 싶어진다.

B 한없이 행복해진다.

C 나한테 왜 이럴까 의심스러워진다.

D 그지없이 영광스럽다.

Q9. 긴장을 풀기 위해 당신의 고양이가 하는 행동은?

A   정자세로 앉아 차분하게 마음을 다스린다.

B   주변 상황을 유심히 관찰하며 집중한다.

C   당당한 자세로 주변을 관망한다.

D   그루밍을 하며 불안감을 해소한다.

결과

편한 친구

우호적

만약 이 고양이가 말을 할 수 있다면, 아마도 대표 어록은 이것일 것이다.

"긴장 풀어, 친구"

온 사방이 난장판인 상황에서도 이 친구는 평정심을 유지한다. 그렇다고 아무런 반응이 없다는 뜻은 아니다. 이 아이는 주로 배꼽시계가 울릴 때 흥분하기 때문에 녀석에게 흥미를 유발하는 유일한 요소는 배고픔이다. 일단 충분히 배를 채우면 차분해지는 스타일로 이후에는 좋아하는 소일거리를 하거나 바로 낮잠을 잘 수 있는 상태가 된다. 푹신한 침대에서 낮잠을 자는 것이 이 아이에게는 더할 나위 없이 행복한 일과이다.

정확하게 말하자면, 이 타입의 고양이는 자신을 인간으로 생각하는 경향이 있다. 자기가 내키는 대로 했다면 혼자 침대를 차지하겠지만 당신도 들어오게 해 주는 것이 공평하다는 것을 안다. 어쨌거나 당신은 쓸 만한 베개가 되어주기 때문이다.

'몸을 둥글게 말고, 기지개를 켜고, 하품을 하며' 잠자리 인사를 하는 이 아이에게 그 순간을 제외하면 운동 시간은 따로 없다. 왕이나 왕비 같은 위엄과 느긋함이 이 아이의 트레이드마크이다.

카멜레온
외향적

한 마디로 정의하기 어려운 이 아이는 파악하기 힘든 성격의 소유자이다. 뛰어난 융통성을 지닌 데다가, 유연하기까지 하다! 어떤 공간에 있든지 그 장소에 맞춰 살 방법을 찾고, 공간에 자기 몸을 맞춘다. 내면에 자신감이 가득 차 있기 때문에 목표로 삼은 것은 대부분 손에 넣는다. 그렇다고 괴팍스러운 고양이일 거라는 착각은 금물. 호기심이 많은 성격이라 롱부츠 속 또는 냉장고 야채 칸 등 비밀스러워 보이는 공간을 들여다보고 싶어 한다.

이 아이에게 세상은 미끌미끌하고 냄새가 나며 유혹적인 거대한 생선 통조림과 같다! 물론 친구도 좋아하며 당신과 함께 미지의 세상을 탐험하는 것을 가장 좋아한다. 정원의 오솔길이든 부엌 찬장의 뒷면이든, 당신과 함께 재미있게 놀 수 있는 방법을 찾을 것이다. 참고로 놀아줄 놀이가 바닥났다면, 종이 상자보다 더 좋은 것은 없다.

불량배
즉흥적

나쁜 남자나 나쁜 여자를 사랑하지 않을 이가 있을까? 이 아이는 약간만 치명적인 태도를 보여도 성공한다는 것을 알고 있다. 그렇다고 무례하다는 뜻은 아니다. 오히려 그 반대이다. 그저 좋아하는 놀이를 하며 시간을 보내고 싶을 뿐이다. 그것도 할 수 있다면 밤새도록! '열심히 일하고 열심히 놀자'가 삶의 모토인 아이로, 항상 재밋거리와 문젯거리, 별난 장소를 호시탐탐 찾아 나선다. 집순이까지는 아니지만, 안정된 공간을 좋아하며 실컷 쏘다니다가 되돌아와서 널브러질 수 있는 방석을 좋아한다. 이해득실을 잘 계산하고, 자유를 만끽하는 타입이다. 그러니 억지로 데리고 들어오려고 하지 말고, 이리저리 돌아다니는 녀석의 방식을 존중해 주길. 집으로 돌아오는 것은 당신에게 오기 위한 것이니 그것에 만족하길.

잘난 척 여왕

지배적

이 새침한 고양이에게는 외모가 전부다. 꾀죄죄한 것은 전혀 어울리지 않으며 그야말로 자신이 최고라고 생각하기 때문에 그에 걸맞은 대우를 기대한다. 털이 흐트러지거나 목걸이가 더럽혀져 있는 경우는 거의 없지만 화려한 것만 좋아한다는 뜻은 아니다. 이 고양이에게는 질적인 우수함이 더 중요하다. 따라서 저가 브랜드 사료는 절대 사절! 멋진 라이프 스타일을 가진 이 아이는 잠자는 공간부터 침구, 간식까지 모두 최고급을 원한다.

덧붙여 설명하자면, 당신에게 만족하고 있는지 여부는 아이의 표정으로 알 수 있다. 잘난 척 끝판왕인 이 아이는 자신의 서열이 가장 높다고 생각하기 때문에 고양이든 인간이든 '혼자만의 시간'을 방해할 경우, 가차 없이 냥냥펀치를 날린다.

골골송

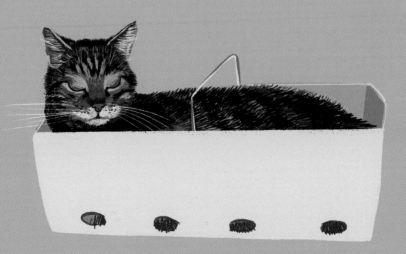

당신의 아이가
좋아하는 놀이는?

경지에 올랐다고 할 정도로 잠자는 것을 좋아하는 고양이지만 노는 것 역시 그 못지 않게 좋아한다. 놀이는 고양이의 원초적 본능을 연마하고 사냥 기술을 향상시키는 데 꼭 필요한 요소이다. 매력 넘치는 우리의 고양이 친구들은 오두방정을 떨며 신나게 노는 동안 몸과 마음을 성장시키고 최상의 컨디션을 유지한다. 놀이는 고양이가 나이를 먹을수록 기동성을 유지시켜 주고 뼈를 튼튼하게 해 줄 뿐만 아니라 주인과의 유대감 형성에도 도움을 준다. 따라서 일정 수준의 놀이와 게임은 고양이의 발달에 꼭 필요하며 스트레스 해소는 덤이다!

　　놀이에 열광하는 정도는 고양이들마다 차이가 있으며 얼마나 놀이에 몰입하느냐에 따라　성격적인 차이도 드러난다.　흥이 넘치는 흥부자인지 아니면 소심한 아웃사이더인지, 창의력이 번뜩이는 천재인지 놀이터 불량배인지 여부가 놀이를 통해 드러난다.

　　고양이의 기분과 상황, 그리고 여러 가지 다른 요인들 때문에 당신의 고양이는 한 가지 이상의 범주에 해당될 수 있다. 그러니 당신의 고양이에게 흥이 부족하다고 해도 포기는 금물이다. 놀이를 잘 이용하면 아무리 소심한 아이라도 자신감 있는 성격으로 변할 수 있다. 적절한 장난감과 게임 그리고 약간의 인내심만 있다면 말이다.

Q1. 오랜만에 친구들이 놀러왔을 때 당신의 아이가 보이는 반응은 무엇인가?

A 모두에게 다가가 주저하듯 손 냄새를 맡으며 상황을 파악한다.

B 이를 드러내고 하악질을 하며 누가 대장인지를 알려준다.

C 자신이랑 놀아주는 사람이 생길 때까지 사람들에게 머리박치기를 한다.

D 어슬렁거리며 방을 횡보하는 것으로 침입자에 대한 불쾌감을 드러낸다.

Q2. 당신과 함께 하는 게임 중 아이가 가장 좋아하는 놀이는?

A 주변에 침입자가 없는지 방 구석구석을 살피며 확보하기.

B 손 공격하기. 처음엔 부드럽게 살살 밀며 당신을 속이다가, 이빨과 발톱으로 총공격 개시.

C 나와 고양이가 가장 좋아하는 배 간지럽히기 놀이.

D 내가 놀고 싶어서 애를 써도 몇 초 후 반대 방향으로 유유히 사라짐.

Q3. 여러 마리의 고양이들이 있을 때, 당신의 고양이는 다른 고양이들과 함께 노는가, 아니면 혼자 노는 것을 선호하는가?

A 우리 집 아이는 고독파다.

B 친한 상대와 같이 놀다가도 어느 순간 경계한다.

C 상대의 엉덩이 냄새를 맡거나 야단법석을 떨며 몸싸움을 하는 것까지 모든 놀이를 함께 한다.

D 자신의 높은 지위를 고려해 멀찍이 떨어져 다른 고양이들을 관찰한다.

Q4. 간식으로 주려고 캣닙을 심었을 때, 아이들의 반응은?

A 의심스러운 눈으로 쳐다보다가 냄새를 맡으러 다가간다.

B 입안 가득 캣닙을 뜯어먹는다.

C 온 몸에 초록 잎사귀들이 덕지덕지 붙을 때까지 그 위에서 뒹군다.

D 나와 캣닙을 번갈아 쳐다보다가 어쩌라는 표정을 지은 뒤 가버린다.

Q5. 쿠킹 호일로 만든 장난감 공을 주었을 때 당신의 아이의 반응은?

A 다른 별에서 온 외계 생명체를 대하는 듯한 반응을 보인다.

B 사냥감을 추적하듯 공에서 눈을 떼지 않는다.

C 깜짝 놀라며 경계한다.

D 별다른 관심을 보이지 않는다.

Q6. 집 안에 파리 한 마리가 들어왔다면 당신의 고양이는 어떤 반응을 보이나?

A 파리가 움직이는 대로 집안을 뛰어다닌다.

B 파리를 뚫어지게 쳐다보며 채터링을 한다.

C 파리에게 냥냥펀치를 날린다.

D 창문 밖으로 파리를 내보내려고 방방 뛰어다니는 나를 따라다닌다.

Q7. 고양이용 장난감의 모양과 크기는 천차만별이다. 당신의 고양이가 가장 좋아하는 장난감은?

A 몇 년 동안 가지고 놀아서 낡을 대로 낡은 오래된 장난감

B 조각조각 뜯어놓은 내 슬리퍼

C 집안에 있는 모든 물건

D 포근한 캣닙 쿠션

Q8. 택배가 와서 빈 소포 상자가 생겼다. 아이가 보이는 반응은?

A 도둑으로부터 상자를 지키기 위해 안으로 들어간다.

B 스크래처로 사용하면서 갈기갈기 찢는다.

C 들락날락거리며 장난감으로 사용한다.

D 상자를 엎어놓고 숨숨집으로 사용한다.

Q9. 긴 막대 끝에 펠트 천으로 만든 생쥐가 대롱대롱 매달려 있는 새 장난감을 샀다. 당신의 아이가 보이는 반응은?

A 시선은 주되 반응은 보이지 않는다.

B 사냥 연습용으로 사용한다.

C 신나게 가지고 논다.

D 한심한 표정을 지으며 무반응으로 일관한다.

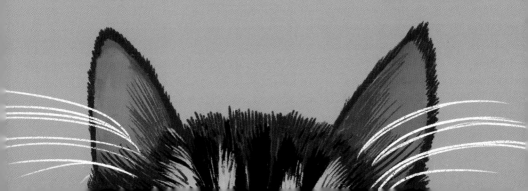

결과

스파이
예민함 & 우호적

자신이 예민한 성격이라는 것을 절대 인정하지 않겠지만, 이 고양이는 최악의 경우를 생각하는 경향이 있다. 너무나 신중한 아이이기 때문에 '완벽하게 입증될 때까지 의심하자'는 자세를 고수한다. 장난감과 비품, 주변의 고양이들까지 이 아이에겐 전부 불신의 대상이지만 그렇다고 끝까지 거리를 둔다는 뜻은 아니다. 익숙해질 때까지 시간이 필요한 타입이며, 신중하고 진지하게 오랫동안 상대를 탐색한다.

이 멋진 고양이는 완벽한 첩보 요원으로, 주변의 모든 것을 감시하는 것을 최우선 임무로 여긴다. 상황에 대해 빈틈없이 파악한 후 판단을 내리면, 여유가 생겨서 조금은 더 너그러워진다. 장난기가 많은 타입은 분명 아니지만 위험하지 않다는 것을 확신하는 순간 내면에 숨어 있던 야깽이 본능이 튀어나온다.

이 고양이는 주인과 단 둘이서 교감하는 게 임을 가장 좋아하며 많은 포옹과 관심을 기울여주면 그동안 몰랐던 재미있는 면을 많이 볼 수 있다.

자객

지배적 & 즉흥적

이 아이는 능수능란한 사냥 능력을 가졌다. 전광석화처럼 움직이는 앞발과 수염 그리고 털까지, 모든 신체가 사냥에 최적화되어 있으며 목표로 하는 '사냥감'이 있는 한, 일반적인 고양이로 보면 안 된다.

부담을 느끼면 공격적이 되며, 상대와 아슬아슬한 줄타기를 한다. 흥분시키기 쉬운 데다 대담한 성격의 다른 고양이들과 마찬가지로 극도로 흥분 상태에서 추적하는 것을 사랑한다. 광란 수준으로 거침없고 활기찬 놀이를 즐기며 강자가 되는 기술을 연마한다. 이 아이가 망가트린 장난감의 잔해를 찾아도 놀라지 말 것. 절반쯤 해체시킨 장난감은 본게임을 준비하기 전 '최고'의 연습 상대일 뿐이다. 그렇다고 이 아이에게 부드러운 측면이 없다는 것은 아니다. 다만 그런 면을 보기가 쉽지 않을 뿐이다.

이 아이와의 놀이 시간에 가장 중요하게 생각해야 할 점은 최대한 가볍게 관여하는 것이다. 과도하게 흥분시키기 위해 지나치게 쓰다듬거나 빠르게 움직이는 것은 금물이다. 정중하게 대하면 전폭적인 신뢰와 사랑을 받을 것이다.

독불장군
외향적 & 우호적

이 고양이가 제일 잘하는 것은 재밋거리를 찾는 일이다. 가능한 모든 틈새에 코를 들이밀고 낌새를 알아차리는데 명수이며, 재밋거리가 없으면 재미를 만드는 타입이다. 이 녀석을 놀이광이라고 부를 수도 있지만, 재미만을 추구하는 것은 아니다. 무언가를 배우는 것도 좋아한다. 녀석의 호기심이 항상 살아있어야 하는 이유는 놀이 자체가 큰 즐거움이기 때문이다. 꾀가 많고 스스로 흥거워하는 타입으로, 새로운 친구들을 사귀는 것을 좋아한다. 사람이든 고양이든 냄새만으로 평생 친구가 될 것인지 판단하며, 만약 그럴 대상이 아니라면 친구를 사귀느라 소중한 잠을 포기하지 않는다. 다행히 이 독불장군을 즐겁게 해 주기는 쉽다. 뛰고 배회할 공간을 주면 아주 격한 우다다를 보게 될 것이다. 가장 재미있는 곳이 집이라 여기기 때문에 항상 집으로 돌아온다. 피로회복제가 필요한가? 이 아이에게 실 뭉치 하나 던져주고 노는 모습을 구경하면 된다!

비평가
지배적 & 우호적

거들먹거린다고 말하는 사람도 있겠지만, 이 아이는 정말로 총명하다. 자신이 무엇을 좋아하는지, 무슨 생각을 하고 무엇을 원하는지 알고 있으며, 단호하면서도 우아하게 자신이 원하는 것이 무엇인지 당신에게 알린다. 손 위에 살포시 발을 올리며 '아니'라는 것을 표현하거나 경멸하는 표정으로 우아하게 거부의 뜻을 전하기도 한다. 별 어려움 없이 자신의 감정을 분명하게 드러내는 타입이다.

이 고양이의 싸늘한 시선을 받으면 대부분의 인간들과 고양이들은 그 자리에서 망부석이 되어버리겠지만, 당신은 이 아이를 누구보다 잘 알기에 그 기분을 읽을 수 있다.

그렇다고 이 고양이가 노는 것을 좋아하지 않는 것은 아니다. 그저 좀 더 차분한 재미를 선호하는 것뿐이다. 이 요염한 아이에게는 캣닙으로 만든 쿠션과 장난감이 최고의 조합이다. 다른 고양이들이 온갖 야단법석을 떠는 그 캣닙 위에서 이 고양이는 고상하고 우아하게 휴식을 취하며 푹신한 향내를 느긋하게 즐길 것이다. '저절로 두면 되는 일에 왜 힘을 쓰지?' 라고 생각하는 타입이다.

캣티튜드

당신의 고양이가 보여주는
별난 행동은?

고양이에게는 몸에 밴 태도가 있다. 뾰족한 귀를 쭝긋 세우는 것부터 털을 부풀린 꼬리를 경쾌하게 털어내는 것까지 고양이에겐 특유의 제스처가 있으며 걸음걸이에도 씰룩거림이 있고 추근거림에도 허세가 있다. 고양이가 하는 모든 행동에는 목적이 있으며, 잠시 눈을 붙일 때도 나름의 이유가 있다.

보통 사람들 사이에서 고양이는 괴짜로 통한다. 하기야 평범하고 싶은 존재는 없을 것이다. 그런데 이런 고양이는 살짝 별난 것이 권력이 된다는 것을 안다. 온 세상의 모든 집사들이 인증할 수 있듯, 고양이들은 여러 방법으로 자신의 매력을 과시한다. 당연히 집사들의 팔다리에는 긁힌 상처들이 남아있겠지만, 고양이 때문에 '심쿵'한 순간은 긁힌 상처와는 비교도 할 수 없이 가슴 깊이 새겨져 있을 것이다.

당신의 아이가 가진 특이한 습관들은 아이를 더 돋보이게 만드는 재능이다. 따라서 이번 테스트에서는 다른 고양이들과는 판이하게 구별되는 독특한 행동들에 대해 살펴보려고 한다. 그저 작은 차이에 불과하지만 성격 테스트에 추가하는 이유는 이 세상의 모든 고양이는 유일무이한 존재들이기 때문이다. 사소한 몸짓이라도 유심히 들여다보면 아이의 마음을 움직이는 것이 무엇인지 알 수 있다.

Q1. 당신의 고양이가 놀고 싶다는 의사를 표현하는 방법은?

A 내 무릎 위로 올라오거나, 마치 춤을 추듯 다리 사이를 오간다. 내 주변을 빙글빙글 돌면서 흥을 띄우기도 한다.

B 자기가 좋아하는 질퍽질퍽한 생쥐 장난감을 가져와서 내 발 앞에 떨어트린다.

C '난 준비가 되었으니, 나랑 놀아줘'라고 말하는 듯, 내 발 앞에 와서 초롱초롱한 눈빛으로 바라본다.

D 뱅글뱅글 돌며 자기 꼬리를 잡거나 눈에 보이지 않는 적을 상대로 '잡기 놀이'를 하면서, 광란의 10분을 보낸다.

Q2. 새해 전날 밤, 이웃들이 불꽃놀이를 즐길 때 아이의 반응은?

A 불꽃놀이를 더 잘 보려고 창문에 얼굴을 들이민다.

B 시큰둥한 반응을 보이지만, 경계는 하기 위해 커튼 뒤에서 대기한다.

C 혼란의 현장에서 최대한 멀리 떨어진 곳을 찾아 숨는다.

D 내 품에, 혹은 내 곁에 바짝 붙어 앉는다. 내가 가까이에 있으면 안전하다는 것을 아니까.

Q3. 당신의 아이가 당신을 파안대소하게 만드는 행동은?

A 화장실 세면대에서 자기

B 이유 없이 커튼이나 블라인드에 매달려 기어오르기

C 사람인 양 식탁에 앉아 있기

D 나와 수다 떨기

Q4. 당신이 가장 좋아하는 토마토 미트소스 스파게티를 만들었는데, 당신의 고양이가 그 스파게티에 눈독을 들였다면, 그 다음 장면은 무엇일까?

A 애니메이션 《레이디와 트램프》의 한 장면을 재연하며, 스파게티 면의 양 끝을 한 가닥씩 입에 문다.

B 옆에 앉아서 내가 포기할 때까지 내 입을 강렬하게 노려본다.

C 일단 냄새를 맡은 다음, 냄새가 괜찮으면 내놓으라며 큰 소리로 야옹거린다.

D 내가 보지 않을 때 스파게티 면 한 가닥을 슬쩍한 다음, 멀리 가져가서 먹는다.

Q5. 고양이들은 대부분 특이한 식습관을 가지고 있다. 당신의 고양이가 두둑이 배를 채우려고 먹는 가장 특이한 음식은?

A 아주 많은 양의 카레

B 잠자리

C 아스파라거스의 머리 부분

D 새 모이용 빵 부스러기

Q6. 당신의 고양이가 정말로 무서워하는 것은?

A 오이

B 내가 부르는 노래 소리

C 진공청소기

D 천둥번개

Q7. 고양이에게 인간이 하는 일을 맡길 수 있다면 당신 아이의 직업은 무엇일까?

A 상자 검수원 : 도망자나 외계 생물체들이 은신하고 있을 경우를 대비해 상자를 확인하는 것을 좋아하니까.

B 보안 요원 : 평상시 고양이계의 순찰대를 맡아 인근 지역의 치안을 감시한다.

C 식품 감독관 : 음식의 품질과 독극물 감염 여부를 확인하기 위해 내 음식의 냄새를 맡고 맛을 보는 걸 좋아한다.

D 비밀 쇼핑객 : 항상 나에게 특이한 선물을 가져다주니까.

Q8. 당신이 꽉 끌어안으려 할 때, 아이의 반응은?

A 발로 나를 감싸 안고 축축한 코를 내게 대며 사랑해 준다.

B 내가 내려놓을 때까지 격렬하게 내 얼굴을 핥는다.

C 내가 잠시 안도록 허락해 준 다음 꿈틀거리며 내 품에서 빠져나간다.

D 가장 편안하게 안을 수 있는 자세를 취한 다음 내 어깨에 머리를 기댄다.

Q9. 당신이 노트북으로 정신없이 일에 몰두하고 있을 때, 당신의 아이가 보이는 반응은?

A 장난감을 가지고 놀 듯 키보드를 치는 내 손가락을 앞발로 건드리기.

B 참을성 있게 내 옆에 앉아서, 내가 아는 척을 할 때까지 기다리기.

C 키보드 위에 앉아서 절대로 비켜주지 않는다.

D 내가 일하는 동안 조잘거린다.

결과

괴짜
지배적 & 즉흥적

위풍당당하기로는 타의 추종을 불허하는 이 괴짜 고양이는 독특하고 별난 방식으로 절대로 고집을 꺾지 않는다. 무슨 일이든 참견하는 것을 좋아하기 때문에 집사는 의외의 상황, 아니 그 이상을 예상해야 한다. 좋아하는 사료 브랜드를 바꾸는 것보다 더 빠르게 그때그때의 기분과 입맛을 바꾸는 아이지만 워낙 자주 있는 일이라 당신은 신경도 쓰지 않을 것이다. 하지만 이 아이의 익살스러운 행동 덕분에 큰 즐거움을 얻으므로 그 정도의 수고와 노력은 쏟을 가치가 있다.

이 아이를 기쁘게 해 주고 싶다면 집안에 있는 몇 가지 물건들을 옮기기만 하면 된다. 뭔가 탐구할 수 있는 새로운 물건을 주면 이 아이는 수많은 방법을 개발해서 신나게 놀 것이다. 이 아이에게는 사람이 신는 신발도 단순히 발에 신는 것이 아닌, 신발 속과 밖을 들락날락하며 몸의 유연성을 기를 때 사용하는, 복잡하게 생긴 용기에 불과하다!

보안관
외향적 & 우호적

강하고 날렵한 데다 주변 상황까지 훤히 꿰고 있는 타입이다. 종종 '어디 한번 해 봐라'는 표정을 짓지만 그것은 주로 규칙을 어기는 다른 고양이들에게 사용한다. 당신이 필요로 할 때는 고민하지 않고 곧장 곁에 와 주며, 우울할 때는 당신을 기쁘게 해 준다. 이 아이의 존재만으로도 당신의 마음이 진정되는 이유는 평범한 고양이로 보일지 몰라도 고양이라기보다는 강아지에 가까운 성격을 가졌기 때문이다. 이 아이는 충성스럽고, 다정하며, 대담한 기질을 가졌다. 자기 사람들, 즉 당신과 당신의 가족들을 보호하기 위해서는 기이한 행동들도 한다.

예를 들어 당신이 부르면 반드시 당신에게 오는 이 개냥이는 절대로 당신에게서 멀리 떨어지지 않는다. 눈에 보이지 않는 곳에 있다고 해도, 한 쪽 눈으로는 원하는 곳을 보면서 다른 한 쪽으로는 집을 보는 타입이다. 이 아이의 재주를 시험하고 싶다면 아이가 좋아하는 곳을 보면 된다. 달리는 것을 무척 좋아하며 크리스마스트리를 장대높이뛰기에 활용하는 등 자신의 재능을 드러내는 것을 좋아한다.

캣트뷰드

감정가

예민함 & 지배적

이 아이의 우아한 허세에는 품위가 있다. 워낙 눈길을 끄는 타입인데다 보고 있으면 저절로 미소 짓게 하는 이 아이의 몸짓은 당신의 시선을 빼앗기에 충분하다. 아마도 당신은 이 아이가 가진 풍성한 곡선미에 경탄을 금치 못하고 있을 것이다. 일명 프리마 돈나랄까? 아니 그보다도 더 높은 상류층 인사에 좋은 것은 모두 가진 완벽한 존재에 가깝다.

이 아이가 재미없어 하는 표정에도 당신은 그저 즐거워한다. 심지어 이 아이가 쌀쌀맞게 대할수록 더 안고 싶어 한다. 그리고 이 아이는 그런 당신의 손길을 허락한다. 자신이 진정으로 원하는 것은 당신을 행복하게 만드는 것임을 마음 속 깊이 알고 있기 때문이다.

감정이 풍부한 이 아이는 매사에 늘 진지하게 행동한다. 고양이 전용 와인을 들이키든 비발디의 사계에 흠뻑 취하든, 이 아이는 모든 일에 타고난 감수성을 드러내며 아침부터 밤까지 당신을 깔깔거리게 만든다. 물론 웃기려는 의도는 전혀 없이. 소중한 이 아이가 따뜻한 햇볕 아래서 행복한 시간을 누리게 해 줄수록 당신 역시 그에 상응하는 보답을 받을 것이다.

캣터뷰드

코미디언

외향적 & 즉흥적

이 아이가 가진 여섯 번째 감각은 바로 유머감각이다. 마치 당신이 하는 말의 아주 작은 뉘앙스까지도 이해해서 고양이 스타일로 흉내를 내는 것 같다. 타고난 수다쟁이인, 이 붙임성 좋은 고양이는 민첩하고 영리하기까지 하다. 불판 위의 고기를 슬쩍하거나 이동장에 넣으려는 시도를 읽고 도망가는 등 이 아이는 절대 만만한 상대가 아니다. 아침밥을 한 번 더 먹으려고 마치 닌자처럼 슬쩍 옆집에 잠입할 수도 있고 뚜껑이 열린 페인트 통 안에서 탭댄스를 추고 있을 수도 있지만, 분명한 것은 어디에 있든 못된 짓을 꾸미고 있다는 것이다.

그러나 스탠드업 코미디언 같은 이 아이에겐 치명적인 주특기가 있다. 바로 모든 순간을 특별하게 만드는 즉흥연기를 한다는 것이다. 당신이 즐거움을 원한다면, 당신은 그것을 현실에서 구현해 줄 상대를 찾은 것이다. 이 아이가 가까이에 있다면 당신은 발가락부터 TV 리모컨, 국수 한 가닥까지 주변의 모든 것이 게임 도구로 사용되는 것을 볼수 있을 것이다. 또한 그로 인해 당신이 웃게 된다면 그야말로 금상첨화이다.

고양이와의
수다

고양이의 대화법

고양이 언어는 사람이 이해하기에는 신비로운 것투성이다. 사실 보통의 고양이가 사용하는 발성이 적어도 100가지가 넘는다는 사실을 생각하면 놀랄 일도 아니다. 특히 이 100가지는 사람들이 많이 헷갈리는 보디랭귀지를 포함하지 않은 수치다. 그런데, 만약 정말 고양이들이 우리에게 전하려는 이야기가 있다면, 그 내용은 무엇이며 그것으로 고양이들의 성격을 알 수 있을까?

사람과 마찬가지로 어떤 고양이는 내성적인 반면 어떤 고양이는 주목받는 것을 좋아한다. 어쩌면 아이가 당신에게 무관심하다고 생각할 수도 있는데, 속지 않기를 바란다. 연구 결과에 의하면 고양이는 우리가 생각하는 것보다 훨씬 더 많은 것을 이해하고 있다. 예를 들어 당신이 부르는 소리를 알아듣지 못하는 것처럼 보여도 사실은 자기 이름을 부르는 소리를 인지하고 있으며 심지어 언제 자기를 부르는지도 이미 알고 있다고 한다. 즉, 반응을 할지 말지는 전적으로 아이의 마음인 것이다!

Q1. 당신의 고양이가 아침밥을 한 번 더 먹기 위해 당신의 관심을 끄는 방법은?

A 발톱을 드러내고 소파든, 벽지든, 고급 카펫이든, 가장 가까이에 있는 것에 치명타를 날릴 기회를 엿본다.

B 정강이에 대고 낑낑 소리와 함께 머리 박치기를 하며 귀요미 카드를 사용한다.

C 냉장고에 딱 붙어 앉아 저승사자처럼 울부짖는다.

D 눈치껏 상황을 보되 높은 음으로 야옹야옹 거리면서 나를 잘 타이른다.

Q2. 당신이 일하는 공간에 아이가 먼저 자리를 잡았는데 비켜주려는 마음이 전혀 없어 보인다. 그럴 때 당신의 아이는 어떻게 반응하는가?

A 으르렁거리다가 하악질을 해서 나를 꼼짝 못하게 한다.

B 골솔송을 동원해 강력한 애교 작전을 펼치며 정신을 쏙 빼놓는다.

C 내 눈 앞에서 배를 뒤집어 보이면 만사형통이다.

D 눈을 치켜뜨고 발에 단단히 힘을 주며 도도한 표정을 짓는다.

Q3. **고양이마다 관심을 표현하는 독특한 방식이 있다. 당신의 아이가 당신에게 사랑한다고 표현하는 방법은?**

A 배 만지는 것 허락해 주기! 그런 다음 '손 물기' 놀이하기.

B 내 팔이나 다리에 촉촉한 코를 대고 문지르며 뽀뽀하기.

C 꾹꾹이를 하며 스트레스 날려 주기. 고양이 마사지 필요하신 분?

D 혹시 내가 추울까 싶어서 자기 냄새와 두툼한 털로 집사 몸 덮어주기.

Q4. **당신의 고양이가 아픈 걸 당신이 아는 이유는?**

A 아무것도 하지 않기 때문에.

B 사료를 먹지 않고 놀려고도 하지 않아서.

C 평소보다 과하게 애정표현을 하고 내 주위에만 있으려고 해서.

D 가냘픈 울음소리를 내며 내 주의를 끌려고 해서.

Q5. **시끄러운 진공청소기나 푹신한 슬리퍼 등 특정 물건들이 눈에 띄면 당신의 고양이는 즉시 자리를 피한다. 그런데 고양이가 정말로 폭발하면 어떤 반응을 보일까?**

A 호랑이처럼 으르렁거린다.

B 비명을 지르며 가장 가까운 숨숨집으로 줄행랑을 친다.

C '네가 감히!'라는 준엄한 눈길로 나를 노려본다.

D 꼬리를 공중에서 휙휙 흔들고 씩씩대며 성큼성큼 걷는다.

Q6. 긴 하루의 끝에서 고양이와 이야기하는 것만큼 좋은 것은 없다. 당신이 말을 걸면 당신의 아이가 보이는 반응은?

A 마치 내가 상황파악을 못하고 있다는 듯이 나를 쳐다본다.

B 깍깍 소리로 대답을 해 준다. 내 말을 이해하지는 못해도 마음으로 나와 함께 있어준다.

C 눈을 깜빡이고, 하품을 한 다음, 자는 체를 한다.

D 짹짹거리고 깍깍거리며 투덜대는 소리를 가득 담아 최대한 대화모 드에 돌입하며 내가 대답할 차례도 내어준다.

Q7. 약삭빠른 고양이들은 절대 속마음을 드러내지 않고 자기 잘못도 무표정 뒤에 감추지만, 어떤 고양이들은 표정에 전부 드러나기도 한다. 당신의 아이가 주로 짓는 표정은?

A 적과 대치 상태일 때의 표정.

B 벌레 한 마리도 죽이지 못하는, 완전 귀여운 고양이 표정.

C 무언가 마음에 들지 않는, 즐겁지 않은 눈빛

D '잘 들어라, 한 번만 말해 준다'는 표정

Q8. 고양이가 최고로 기분 좋을 때 당신에게 보이는 반응은?

A 짧게라도 쓰다듬게 허락해 준다.

B 깊은 소리로 골골송을 부른다.

C 머리 박치기를 여러 번 한다.

D 좋아서 야옹거리며 내 다리에 대고 몸을 부빈다.

Q9. 고양이들끼리 서로 처음 만나면 상대를 놀이 상대로 보거나 먹잇감으로 여기며 천국 또는 전쟁판이 되기도 한다. 당신의 아이가 다른 고양이들을 맞이하는 방법은?

A 꼬리를 잔뜩 부풀린 채 위협적으로 하악질을 해댄다.

B 우선 조심스럽게 냄새를 맡는다.

C 처음 만난 고양이들이 예의를 갖추는 경우라면 자기 뒤를 졸졸 따라 다니게 허락한다.

D 신난 표정으로 소리를 지르고 야옹거리며 새 친구에게 '안녕'하고 인사한다.

결과

전사
지배적 & 즉흥적

이 고양이에게 중요한 것은 말이 아닌 행동이다. 목소리보다 몸짓이 더 많은 메시지를 전할 수 있는데, 효과적인 냥냥펀치를 두고 대화를 하느라 시간을 낭비할 필요는 없다. 자신감 넘치는 이 고양이는 자신에게 부족한 매력적인 목소리 대신 존재감으로 결핍을 보완한다. 그렇다고 녀석이 가진 설득하는 힘을 과소평가하지 말 것. 옛 속담에도 있듯이, 당신의 아이에게도 날카로운 발톱이 있고, 주저 없이 사용할 수 있다!

전형적으로 지배적인 타입이며, 약간의 공주냥/ 왕자냥 증상도 가지고 있다. 그렇다고 해도 심성은 보드라우며 아낌없는 사랑과 좋아하는 간식, 그리고 캣닙으로 길들일 수 있다. 이 고양이에게는 놀이가 중요한 의사소통의 창구이다. 분주하게, 그리고 재미있게 해 주면 적어도 듣는 시늉 정도는 하며 당신을 기쁘게 해 줄 것이다.

매력덩어리

예민함 & 외향적

이 아이는 친절함이 지나치면 어떻게 독이 되는지 잘 알고 있다. 그래서 집사 몸에 조심스럽게 발을 올려두거나 마음을 달래 주는 골골송을 부르거나 우아하게 야옹 소리를 내며 협상의 무기로 사용한다.

옛날이야기 중에 인간들은 고양이가 내는 소리만 들어도 가까이에 있는 사료 봉투를 곧장 뜯기 때문에 고양이 신들이 어수룩한 인간들을 위해 야옹거리는 울음소리를 만들었다는 이야기가 있는데 이 이야기는 오늘날 집사들 사이에서는 거의 정설로 받아들여지고 있다.

특히 이 타입의 아이는 마인드 컨트롤의 대가이기도 하며 공격적인 방법을 쓰는 것을 좋아하지 않기 때문에, 싸우려는 낌새만 있어도 달아나버린다. 그렇다고 소심한 타입이라는 뜻은 아니다. 인내심과 자신만의 매력을 사용해 언제나 알짜를 뽑아가기 때문에 그것만으로도 충분한 것이다. 다툼은 피하는 것이 상책이라고 생각하기 때문에 다른 고양이들이나 당신이 리드하는 것을 좋아한다. 당신이 안아주고 많이 뽀뽀해 줄수록 당신을 웃게 해 줄 것이다.

전하
예민함 & 지배적

만약 당신이 스스로를 이 우아한 고양이와 같은 상류층이라고 여긴다면, 당신은 정말이지 지저분한 것에는 손을 댈 일이 없을 것이다. 이렇게 아름다운 털을 가진 이 아이가 지구에 떨어진 이유는 단 하나, 바로 사랑 받기 위해서이다.

이런 자질을 가진 고양이와 의사소통을 하려면 상당한 노력이 필요하다. 이 아이는 자신의 존재 자체가 주변을 충분히 변화시킬 수 있다고 믿기 때문에 자신의 메시지가 자동으로 전달되는 것을 선호한다.

그래서 감정을 표현하되 지나치게 감정적이지는 않으며, 가장 좋아하는 간식을 얻기 위해 해야 하는 일이 아니라면 매사를 자기 마음 내키는 대로 움직이려고 한다. 어쨌거나 중요한 것은 자기 자신이기 때문이다.

이 아이가 엄청난 짜증을 부리면서까지 당신을 일깨워줄 거라는 기대는 접는 것이 좋다. 인간 대 고양이의 상황에서 당신이 이기는 것은 불가능하다. 하지만 그래도 당신은 이 아이를 좋아할 것이다. 상식을 벗어나는 이 아이의 엉뚱한 행동 때문에 더 사랑할 수밖에 없기 때문이다.

지식인

외향적 & 우호적

철학적인 타입의 이 아이는 모든 의사소통을 일종의 예술 행위라고 생각한다. 그래서 다른 고양이 친구들과는 다르게 상대에게 자신의 생각을 이해시키기 위해 고양이가 낼 수 있는 모든 소리와 발성을 사용한다. 특히 보디랭귀지에 능하며 자신만이 표현할 수 있는 의사소통 기술을 익숙하게 사용하기 때문에 수염부터 꼬리 끝까지 모든 신체를 이용해 당신과 소통한다.

사람이 고양이의 뛰어난 지적 능력을 따라잡기에는 갈 길이 먼 것이 사실이지만, 이 고양이는 사람에게 기회를 줄 준비가 되어 있으며 자신이 가진 세속적 지식과 경험들도 기꺼이 나누려고 한다.

당신의 화법을 무척 잘 알고 있으며, 대화의 요지를 파악할 수 있도록 도와주려고 당신의 말투를 모방하기까지 한다. 이 아이의 유일한 고민은 듣는 척은 하지만 세상에서 제일 간단한 말도 이해하지 못해 당신이 '참치'라는 단어가 담긴 문장도 띄엄띄엄 알아듣는다는 점이다.

활동성

당신 아이의 모험심은
어느 정도일까?

고양이에게는 자기 영역이 중요하다. 외출냥이들은 이웃집 뒷마당을 오가거나 아주 넓은 지역을 돌아다니기도 한다. 실내에서 생활하는 고양이들 역시 자신만의 영역이 있으며, 특히 집과 주인에 대한 영역권을 아주 중요하게 생각한다.

어쨌든 우리가 기르는 고양이들의 내면에는 야생성이 남아 있기 때문에, 달리고 사냥하는데 필요한 자신의 구역을 지키려는 본능은 드러날 수밖에 없다. 겁 많은 새끼고양이들마저 침입자와 마주하면 으르렁거린다.

다만 성별에 따른 차이는 있는데 대부분 수컷 고양이들이 더 지배적인 성향을 갖기 때문에 자신의 공간을 순찰하고 지키는 것을 좋아하는 반면, 암컷들은 긴장을 낮추고 영역을 공유한다. 하지만 공유하는 영역 내에서 서로 부딪칠 때는 사력을 다해 싸운다.

고양이가 지배하는 영역은 자신감과 자율성 측면에서 우리에게 많은 정보들을 제공해 준다. 집착이 강한 고양이들은 불안해 할 수도 있지만, 자신들의 소유물, 즉 당신을 보호하려는 욕구는 고양이들의 책임감에 불을 붙이기도 한다.

한편, 당신의 아이를 움직이게 하는 원동력이 무엇이든, 고양이들이 영역을 확보하는 방식은 아이의 성격을 이해하는 데 아주 중요하다.

Q1. 당신의 고양이는 누구나에게 사랑을 주는 타입인가, 아니면 철저하게 한 사람만 바라보는 타입인가?

A 이 녀석은 자신에게 유리한 장소를 잘 알고 있으며, 그곳은 바로 우리 집이다.

B 다른 인간들도 괜찮다. 상황에 맞게 사람과 교감하는데 거리낌이 없다.

C 내가 아는 것만 해도, 우리 아이가 자기 집 안방처럼 드나드는 곳이 동네에서 적어도 두 군데는 된다.

D 우리 집 아이의 세계 속에서는 자신만의 궁전이 존재하며 거기에는 나도 포함된다.

Q2. 만약 당신의 아이를 액션 영화의 주인공에 비유한다면, 다음 중 누구와 가장 비슷할까?

A 헐크 : 다정하지만, 화나게 해서는 안 되는 스타일

B 제임스 본드 : 엄청나게 빠르고, 바람처럼 움직이며, 신나게 노는 스타일

C 인디애나 존스 : 다만 이 출중한 고고학자는 고양이가 돌아다니는 방식에 대해서는 아는 것이 없음

D 배트맨 : 지극히 개인적이고 비밀에 싸여 있으며, 자신의 '동굴'에 있는 것을 좋아하는 스타일

Q3. 해가 지고 올빼미가 모습을 드러내면, 당신의 고양이는 어떤 반응을 보이는가?

A 나와 함께 소파에 딱 붙어 있다.

B 경비원 행세를 하며 바깥을 배회한다.

C 길고양이들과 신나게 논다.

D 밥을 먹고, 물도 마시며 잠자리에 들 준비를 한다.

Q4. 당신의 고양에 대한 이웃들의 평가는?

A 어느 집 아이인지는 모르지만 귀여운 이웃집 고양이

B 우리 집 마당에 똥 싸는 것을 좋아하는 고양이!

C 늘 돌아다니며 장난을 치는 론 레인저(*미국 서부영화의 주인공-옮긴이)

D 우리 집에서 고양이를 키우는지도 모름

Q5. 고양이 한 마리가 당신의 집 마당이나 바깥에서 어슬렁거린다면, 무슨 일이 생길까?

A 우리 집 아이가 무슨 수를 써서라도 그 녀석을 쫓아낸다.

B 멀찍이 떨어져서 간간히 하악질도 하고 꼬리도 부풀린다. 하지만 심각한 몸싸움은 일어나지 않는다. 양쪽 모두 물러서니까.

C 누군지 알아보기 위해 거기까지 가는 일 자체가 없음.

D 다행히 안중에도 없다. 실내에 있는 자신의 영역이 가장 안전하고 마음 편히 지낼 수 있는 곳이라는 걸 잘 안다.

Q6. 타는 듯이 무더운 날, 당신의 고양이가 있을 만한 곳은?

A   그늘진 덤불 아래

B   느긋하게 시간을 보낼 수 있는 이웃집 지붕 아래

C   배가 고파야 모습을 드러내므로 전혀 알 수 없음

D   냉장고 위, 옆, 혹은 내부

Q7. 당신의 고양이가 잠시 동안이라도 무단이탈을 했던 적이 있는가?

A   우리 아이는 규칙적인 일과를 사랑하는 아이이므로 그런 일은 없음. 이 아이 덕분에 내 시계를 맞출 수 있을 정도임.

B   한두 번 아슬아슬했던 때가 있긴 했지만, 결국에는 늘 집으로 돌아왔다.

C   자유를 사랑하는 이 고양이는 한 번 나가면 며칠씩 사라지기도 하기 때문에, 더 이상 걱정하지 않는다.

D   집안의 은신처를 잘 찾아내지만, 구운 닭고기 냄새가 집안에 퍼지면 게 임 끝이다.

Q8. 당신이 고양이를 밖에 내보내 주었을 때 아이의 반응은?

A   뒷마당이나 정원을 어슬렁거리며 집 가까이에 머문다.

B   로켓처럼 담장을 뛰어넘어 크고도 넓은 세상으로 출동한다..

C   어차피 늘 밖에 있었다!

D   항상 집안에만 머문다.

Q9. **당신의 고양이가 방랑 중이라면, 집으로 데려올 방법은?**

A 내 목소리 하나면 충분하다.

B 고양이 간식을 한가득 지고 거리를 서성여야 돌아온다.

C 자기가 오고 싶을 때 또는 배가 고플 때, 아니면 두 경우 모두 해당되어야 집으로 돌아온다.

D 집 밖으로 나가 사라졌을 때는 야옹, 하는 소리로 쉽게 찾을 수 있다.

결과

떠돌이
예민함 & 우호적

오후의 따뜻한 햇볕을 쬐는 것보다 이 아이가 더 좋아하는 것은 없다. 이 시간을 더 좋은 시간으로 만드는 유일한 방법은 당신이 함께 있어 주는 것이다. 정원에서 당신과 함께 시간을 보내는 것 자체가 아이에겐 더할 나위 없는 기쁨이며 다른 야생동물을 쫓아내거나 당신에게 몇 가지 원예 기술도 알려 주려고 할 것이다.

당신이 어디에 있는지 늘 확인해야 하므로 너무 먼 곳까지 돌아다니지 않는다. 이 아이의 영역은 좁은 편이지만 온 힘을 다해 자신의 영역을 지키며 영역을 침범하는 고양이는 누구든 화를 당할 각오를 해야 한다!

인간을 대할 때는 정반대로 마음을 졸이는 쪽이다. 나비를 쫓는 것을 좋아하지만 순한 성격이어서 성공하는 경우는 거의 없다. 애초에 쫓는 것이 목적이지 사냥이 목적이 아니기 때문이다.

당신이 집안일을 하느라 분주할 경우, 안전한지 확인하기 위해 정기적으로 들여다보며 자신의 존재감을 각인시킨다. 이때 당신이 아이에게 해 줄 수 있는 최대의 보상은 쓰다듬기와 간지럽히기 그리고 안아주기이다.

개척자
외향적 & 우호적

개척자는 탐험을 위해 사는 존재들이다. 개척자 기질을 가진 이 아이는 주변에서 일어나는 일을 알고 싶어 하기 때문에 활동 반경은 좁은 편이다. 하지만 흥미를 돋울 만한 일이라면 먼 곳에서 일어나는 일에도 관심을 갖는다.

활발한 성격에 자신감이 넘치지만 거만하지는 않으며 가능하면 실랑이를 피하려고 한다. 단, 공격을 받으면 맹수로 돌변한다. 빠른 스피드가 무기이기 때문에 모르는 고양이들이나 사람들을 만나면 바람처럼 내달린다. 장난거리를 찾아다니는 이 아이는 기회만 있으면 사람이 생각지도 못한 엉뚱한 장소에도 몸을 구겨 넣을 수 있다. 놀이를 중요하게 생각하는 타입이며, 사람이 생각하는 것보다 이해력이 훨씬 뛰어나다. 자유롭게 돌아다니는 것을 좋아하지만, 집에 있는 시간도 즐기며 일과시간에 대해서도 잘 이해하고 있다. 이 아이에게는 균형 잡힌 환경이 중요하므로 원하는 곳을 자유롭게 오갈 수 있는 선택권을 주는 것이 좋다.

어슬렁쟁이
지배적 & 즉흥적

어디론가 가고 싶어서 안달하는 타입이다. 자연 속에 있는 것을 좋아하기 때문에 누구도 이 아이를 막지 못한다. 생은 - 여기서 말하는 생이란 고양이들의 아홉 생 전부를 뜻한다 - 살기 위해 존재하는 것이며, 이 아이는 확실하게 본전을 뽑는다.

타고난 모험가인 이 아이는 자신의 운을 지나치게 과신한 나머지, 크고 작은 상처를 입을 가능성이 크다. 외모에 크게 신경을 쓰지 않는 타입이라 그런 면에서는 다행인 셈. 여러 개의 흉터와 찰과상도 이 아이에게는 매력 포인트가 된다.

대범하고 충동적인 이 아이는 자기 마음대로 되지 않을 때 억지를 부리지만 반대로 허락만 해 주면 엄청나게 느긋해지기도 한다. 어슬렁거리며 돌아다니는 것을 좋아하는 이 아이는 동네 이곳저곳을 돌아다니며 자기 영역을 넓히는 것을 좋아한다. 마음만큼은 거리의 황제이며, 당신을 자신의 백성들 중 하나로 여기고 함께 있어주는 은혜를 베풀어주기도 한다.

집순이
외향적 & 우호적

사랑스러운 이 아이의 행동이 사람에게도 고양이들에게도 조금 이상하게 보일 수는 있지만, 절대로 삐딱한 것이 아니다. 이 아이는 무엇이 자기를 행복하게 만드는지 잘 알고 있기 때문에 그런 행동을 하는 거라고 이해하면 된다.

 안전을 가장 중요하게 여기는 타입으로 집 안에서의 자기 영역을 매우 소중하게 여긴다. 당신은 아이와 함께 공간을 공유하고 있다고 생각하겠지만 사실은 모두 고양이를 위한 공간이다. 아직 당신의 물건들을 고양이가 차지하고 있는 것을 눈치 채지 못했다면 곧 알게 될 것이다. 당신이 가장 아끼는 핸드백 안에 들어가는 것부터 욕조에서 느긋하게 시간을 보내는 것까지, 집안에서 당신의 아이가 하지 못할 일은 없다. 당신이 여행 준비를 할 때 이 아이가 여행가방 속에 들어가 있어도 놀라지 말 것. 사랑을 가장 중요하게 여기고 당신을 자신의 전부라고 여기는 이 아이의 감정을 당신도 느끼게 될 것이다.

좋아하는 간식으로 아이를 응석받이로 만들든, 하루 중 가장 많은 시간을 아이에게 쏟든 이 아이는 절대 먼저 나서지 않는다. 당신이 모든 것을 알아서 하기 때문이다. 그러므로 당신은 평생 자신감 넘치는 이 아이의 손바닥 안에 있을 것이다.

피라인 파이브 점수표

고양이들의 성격을 완벽하게 분류하는 것은 불가능한 일이지만, 고양이 성격에서 드러나는 다섯 가지 유형(9페이지 참고)에 따른 주요 특성들을 알아보는 것은 가능하다. 고양이들은 기분이나 상황에 따라서 다섯 가지 유형 모두를 드러내기도 하고, 한 두 가지 유형만을 강하게 드러내기도 한다. 이 테스트는 고양이의 진짜 성격이 궁금한 사람들이 손쉽게 시도해 볼 수 있는 유용한 실험도구이다.

각 테스트의 말미에 제시된 전형들에는 다음의 다섯 가지 유형들이 담겨있다. 당신의 고양이가 해당되는 각 특성에 표시를 한 다음 합을 구해 당신의 아이가 가진 가장 우세한 특징을 살펴보면 된다.

1. 예민함
_____ Total: _____

2. 외향적
_____ Total: _____

3. 지배적
_____ Total: _____

4. 즉흥적
_____ Total: _____

5. 우호적
_____ Total: _____

결론

이 책에 수록된 각 테스트의 문항들은 고양이의 생활과 성격상의 여러 측면들을 반영해 작성했다. 단, 과하다 싶을 정도로 유머를 가미한 이유는 고양이들이 우리가 사는 세상에 큰 웃음과 온기를 가져다주기 때문이다.

이 책을 읽고 기억해야 할 점은 이 테스트는 그저 시작에 불과하다는 것이다. 이 책을 통해 갖게 된 식견으로 당신은 고양이의 마음을 움직이는 것이 무엇인지 알게 될 것이다. 그리고 당신의 아이가 더 나은 삶을 살 수 있도록 지원해 줄 수 있을 것이다.

예를 들면 집 안에 아이를 위한 놀이터를 만들거나 아이의 성격을 고려해 기질에 맞는 관심을 기울여 줄 수 있다. 만약 다묘 가정의 집사라면 아이들에게 할애하는 시간을 공평하게 나누는 등 여러 가지 노하우를 쌓을 수 있다.

당신의 고양이가 행복하게 골골송을 부르기 위해 필요한 것이 무엇이든 당신은 더 깊은 이해력을 갖고 당신의 아이를 대하게 될 것이며 정기적으로 이 테스트를 한다면 고양이의 심리 상태와 요구 사항이 무엇인지 더 잘 알 수 있을 것이다.

모든 애묘인들이 동의하듯, 고양이를 이해하는 데는 일생이라는 시간이 필요하다. 물론 완벽히 이해하는 것은 불가능하다. 하지만 시도해 보는 것 자체만으로도 과분한 즐거움을 얻게 될 것이다.

더 알아보기

품종은 아무 상관없다?

고양이 한 마리를 새로 입양할 계획인데, 가족들과 잘 어울리게 만드는 방법을 알고 싶다면? 또는 앞에서 제시된 테스트를 모두 끝냈지만, 당신의 고양이가 전형적인 타입인지 아니면 온 세상에 하나뿐인 독특한 타입인지 궁금하다면?

일반적으로 고양이는 품종에 따라 성격이 다르며, 그 덕분에 우리는 고양이들의 마음을 움직이는 것이 무엇인지 힌트를 얻을 수 있다. 다른 아이들보다 더 많은 애정이 필요한 품종들이 있는가 하면 유난히 쌀쌀맞아 보이는 품종들도 있는데 이 경우 일명 '츤데레' 같은 매력과 세상 살아가는 지혜로 부족한 교감을 만회할 수 있다.

한편, 이어지는 내용에서는 널리 알려진 고양이 품종들 중 일부를 선별해 어떤 타입과 가장 비슷한지 제시해 놓았다. 그러나 품종은 그저 하나의 관점일 뿐이다. 고양이는 인간과 똑같이 유일무이하고, 독특하며, 자기만의 개성이 존재한다는 것을 잊지 말길.

아메리칸쇼트헤어 (브리티시쇼트헤어)

이 상냥한 고양이는 장난기가 많은 타입이며 혼자서도 행복하게 시간을 보낼 줄 안다. 사교적인데다 가족들에게 다정한 이 쇼트헤어는 다른 고양이 친구들과 인간 친구들에게 지독하리만큼 충성스럽다.

연상되는 타입 : 독불장군 (80페이지), 매력덩어리 (103페이지)

아비시니안

기력이 왕성한 아비시니안은 나무에 오르는 것과 탐험 그리고 모험을 좋아한다. 이 호기심 많은 고양이는 조용한 성품을 가졌으나 인간 가족들과 강한 정서적 유대관계를 형성한다.

연상되는 타입 : 카멜레온 (67페이지), 개척자 (115페이지)

뱅갈

수다쟁이 뱅갈은 가족과 함께 생활하는 것을 좋아하며 어린 아이들이나 다른 동물들과도 잘 지낸다. 머리가 좋고 사랑이 많으며 장난기 가득한 이 고양이는 너그러운 심성과 풍부한 감수성을 가졌다.

연상되는 타입 : 천재 (43페이지), 뻔뻔스러운 예쁜이 (56페이지)

버마고양이

주인에 대한 충성심 때문에 '개냥이'로 알려진 버마고양이는 이루 말할 수 없이 사랑스럽고 그만큼 많은 관심을 원한다. 사람들을 관찰하고 구경하기를 좋아하는 품종이다.

연상되는 타입 : 차분함의 정석 (31페이지), 보안관 (91페이지)

코니시 렉스

렉스가 까다롭다고 말하는 사람들도 있는데, 이 고양이는 그저 자기 주인과 가까이 있기를 좋아하는 것뿐이다. 굉장히 영리하고 장난기가 많은 코니시 렉스는 수다쟁이어서, 관심을 받고 싶을 땐 목소리로 표현할 줄도 안다.

연상되는 타입 : 대장님 (54페이지), 코미디언 (93페이지)

메인쿤

이 덩치 큰 순둥이는 온화한 성격에 애정이 넘치는 타입이다. 꽤 엉뚱한 면모도 갖고 있으며 많은 시간을 노는 데 할애한다. 호기심이 많은 성격이며 다른 동물들이나 사람들과도 잘 지낸다.

연상되는 타입 : 절친 (21페이지), 편한 친구 (66페이지)

페르시안

유순하고 조용한 페르시안 고양이는 차분한 집을 좋아한다. 이 고양이의 겉모습은 제왕 같지만 아주 느긋한 성격이므로 주변을 너무 떠들썩하지 않게 해 주는 것이 좋다.

연상되는 타입 : 어수룩한 고양이(45페이지), 잘난 척 여왕 (69페이지)

렉돌

가장 느긋한 품종들 중 하나이며 다정한 성격을 가진 이 고양이는 침착하고, 사교적이며, 누군가에게 안기는 것을 아주 좋아한다. 가족들은 물론 다른 고양이들과도 무리 없이 어울린다.

연상되는 타입 : 아깽이 (18페이지), 떠돌이 (114페이지)

러시안 블루

러시안 블루는 다른 품종들에 비해 집착하는 것이 덜한 편이다. 또한 처음에는 수줍어하는 경향이 있지만 편안함을 느끼면 매우 다정하며 굉장히 총명하기 까지 하다.

연상되는 타입 : 냉정한 고양이 (30페이지), 수줍음이 많은 고양이 (33페이지)

샴

똑똑하고 꾀가 많으며 가끔은 뻔뻔하기까지 한 샴 고양이는 오랫동안 혼자 남 겨지는 것을 싫어한다. 집사와 긴 대화를 나누고 함께 노는 것을 좋아하며 변 함없는 사랑을 원한다. 굉장히 왕성한 기력의 소유자로, 커튼을 타고 올라가는 것을 아주 좋아한다.

연상되는 타입 : 교묘한 뺀질이 (32 페이지), 지식인 (105 페이지)

고양이를 잘 관리하는 방법과 그들의 삶의 질을 높이기 위해 참고하면 좋은 자료

Catherine Davidson, *Why Does My Cat Do That? Answers to the 50 Questions Cat Lovers Ask,* Ivy Press (2014)

Jackson Galaxy, *Total Cat Mojo: The Ultimate Guide to Life with Your Cat,* Tarcherperigee (2017)

Dr Yuki Hattori, *What Cats Want: An Illustrated Guide for Truly Understanding Your Cat,* Bloomsbury Publishing (2020)

Pippa Mattinson and Lucy Easton, *The Happy Cat Handbook,* Ebury Press (2019)

Amy Shojai, *Cat Life: Celebrating the History, Culture & Love of the Cat,* Furry Muse Publications (2019)

cats.org.uk/help-and-advice
고양이를 키우고 돌볼 때 발생하는 모든 문제들에 대한 해법을 제시하는 단체, Cat Protection의 웹사이트

icatcare.org
고양이의 건강과 관련된 모든 정보를 제공하는 사이트

thecatgallery.co.uk
고양이와 고양이를 사랑하는 사람들을 위한 선물가게

thecatsite.com
고양이의 행동, 건강 문제, 그리고 고양이와 더불어 사는 삶에 대해 토론하는 종합 사이트

yourcat.co.uk
고양이의 행동, 훈련법, 고양이를 키울 때 꼭 알아야 하는 정보를 제공하는 대중 잡지의 웹사이트

저자 **앨리슨 데이비스**

앨리슨 데이비스는 스무 해 넘게 여러 마리의 고양이들과 생활하면서 수 년 간 고양이에 관한 글을 쓰고 있다. 다양한 주제를 다루는 잡지들에 원고를 기고하며 주로 동물, 점성학, 자립 등에 대한 책들을 쓰고 있다.

《Take a Break Pets(*모든 반려동물을 다루는 영국의 잡지-옮긴이)》에 기고하는 것은 물론, 《Be More Cat》, 《Crazy Cat Lady》, 《Cattitude Journal》를 저술하며 고양이 작가로서 입지를 다지고 있다.

삽화 **알리샤 레비**

우크라이나 키예프 출신인 알리샤 레비 (@LevysFriends)는 현재 독일에서 거주하고 있으며 주로 인간과 반려동물 사이의 멋지고 유쾌한 관계를 작품으로 표현하고 있다.

역자 **성세희**

성세희는 모든 외출복에 당당히 붙어 따라 나오는 고양이의 털들을 자랑스런 집사의 증표로 여기는 고양이의 열렬한 팬으로, 임보냥으로 왔다가 그대로 눌러앉아 집안 서열 1위가 된 '날라'와 성탄절 밤에 기적처럼 가족이 된 '설이', 두 길고양이를 모시는 집사이다. 현재 번역에이전시 엔터스코리아에서 번역가로 활동 중이다.

주요 역서로는 『교양으로 읽는 세계 7대 종교 : 세계에서 가장 오래되고 큰 7개 종교 탐험』, 『피터팬: 사라진 그림자』, 『식물을 보듯 나를 돌본다 : 애쓰지 않고 편안하게』, 『거울 나라의 앨리스(초판본 리커버 디자인)이 있다.